LEVEZA COM PROPÓSITO

ANDREA GILAD

LEVEZA COM PROPÓSITO

Como a organização pode transformar 100% a sua vida

FinAppLab
[editora]

1ª Edição FinAppLab, julho de 2025.

Publisher *Daniela Metzger Rochman*

Edição de texto *Histórias Bem Contadas*

Capa, projeto gráfico e diagramação *Osmane Garcia Filho*

Revisão *Wélida Muniz*

Dados Internacionais de Catalogação na Publicação (CIP)
(Câmara Brasileira do Livro, SP, Brasil)

Gilad, Andrea
Leveza com propósito : como a organização pode transformar 100% a sua vida / Andrea Gilad. – 1ª ed. – São Paulo : FINAPPLAB Editora, 2025.

ISBN 978-65-985067-2-8

1. Lar – Administração 2. Limpeza e organização da casa 3. Organização – Métodos I. Título.

25-275475 CDD-648.5

Índice para catálogo sistemático:
1. Arrumação do lar : Organização doméstica 648.5

Eliane de Freitas Leite - Bibliotecária - CRB-8/8415

FinAppLab [editora]

@finapplab
company/finapplab
www.finapplab.com

Nota da Publisher

Tenho o privilégio de conhecer e conviver com a Andrea há muitos anos. Sem a menor dúvida, a palavra que escolheria para defini-la seria garra. Ela faz acontecer, sempre com resiliência e alegria, não importando qual seja o desafio. No seu trabalho, é dedicada e apaixonada, como você perceberá no texto, empenhando-se em tudo o que se propõe a fazer.

Este livro certamente trará impacto, e também leveza, ao seu cotidiano – nas suas atividades, na forma como você leva a vida e como se organiza. Além disso, mostra que nunca é tarde para começar algo novo, algo que possa nos trazer realização e propósito, seja pessoal ou profissional.

Convido você, leitora e leitor, a já colocar em prática, ao longo da leitura, muitas das sugestões que a Andrea nos oferece aqui. Elas mudarão seus hábitos e os de quem vive contigo.

Aproveite esta jornada para transformar sua vida em uma 100% organizada.

Ótima leitura!

DANIELA METZGER ROCHMAN

Aos meus filhos, Henry e Carolina,
que são meu maior motivo para
sempre buscar aprender, crescer e evoluir
– a verdadeira tradução do que
é a palavra amor.

Agradecimentos

Inicio estes agradecimentos apresentando com imenso carinho e gratidão a minha equipe que, no decorrer destes onze anos, me deu um apoio incondicional, não apenas oferecendo mãos e pés, mas também oferecendo conselhos, sugestões valiosas e opiniões. Sem vocês, eu jamais teria alcançado as conquistas que celebramos hoje.

Marilda, a Hilda ou Marildinha, foi a babá dos meus filhos durante sete anos, brincava com eles como ninguém, com muita paciência sempre, até que, em determinado momento, foi fazer faculdade de Recursos Humanos e trabalhar com telemarketing, então engravidou do seu único filho, mas sempre mantivemos contato. Percebi que precisava de ajuda e, na mesma época, ela não estava satisfeita com o trabalho dela. Fiz o convite, ela aceitou, mas a cada prateleira organizada eu ia lá e desmanchava tudo com o meu senso estético aflorado. Ela me disse que acreditava que não ia dar certo, mas eu insisti e dei a ela a oportunidade de fazer muitos dos cursos de formação que fiz, e posso garantir que hoje ela é pau para toda obra. Uma pessoa extremamente respeitosa, cuidadosa, comprometida e com muita gana de crescer.

A Tatiana, Tati, é a minha irmã de criação, filha do meu padrasto. Cresceu comigo e sempre foi muito metódica e certinha, mas talvez tenha escutado uns gritos da minha mãe também e, por osmose, entrado no estado de ordem geral. Além da organização, ela trabalha com plantas e flores e, por ser tão metódica, nós a elegemos como a organizadora de brinquedos, bijuterias, banheiros e itens de escritório, pelas miudezas que só ela domina com muita paciência. Vive rindo dos seus foras, que são de uma inocência que despertam o sorriso de toda equipe. É a primeira a perguntar se está na hora do almoço e traz muita alegria para o nosso convívio.

A Ana Cristina, Cris, é muito amiga de uma superamiga minha da faculdade. Confesso que, quando a conheci, eu a achava mais séria, já que eu e essa amiga aprontávamos todas. Mas foi só de início, pois, ao entrar para a equipe, ela se tornou nossa cantora oficial. Para cada aperto ou suspiro de alívio, ela tem uma canção, nos fazendo ficar leves. Ela também é mãe de um menino, o que muito contribui para as organizações de quarto de crianças, que ela adora, além dos closets masculinos. Posso dizer que somos, além de equipe, amigas de pegar um cineminha ou ir a um bloquinho juntas no fim de semana e, como estamos sempre juntas nos projetos e temos a mesma idade, vamos cantarolando as músicas que dançávamos nas discotecas, sim, entregando tudo, inclusive a nossa idade.

A Sara, Sarita, é a mais delicada e doce do grupo (e não só porque ela traz doce de leite). É design de interiores também. Eu recebi a indicação dela através de uma conhecida em comum e demorei para querer conhecê-la, mas, no café que tomamos, já sabia que daríamos muito certo, e assim tem sido. Ela tem um olhar muito jovem, e por isso nos auxilia muito nos projetos e apertos das obras inacabadas, fora o senso de estética e medições. Categorização é com ela mesmo, e a gente adora, pois os montinhos já vêm todos prontos para dobrar e organizar. Ama organizar uma despensa, um escritório e uma estante de livros, mesclando com objetos de decoração. Fazemos muitos ambientes juntas e aprendo muito com ela.

Temos mais três profissionais que trabalham eventualmente em projetos. Ainda assim, vestindo a camisa da 100%, por isso eu não poderia deixar de elogiar e agradecer: a Joana, ou Jo, extremamente detalhista e perfeccionista, agilizada e muito compenetrada, com muita vontade de aprender. Leve, atenciosa e sempre cheia de elogios, e docinhos também.

A Ana Serrano, que quando disponível é ponta firme para nos ajudar, não invade, mesmo tendo muito conhecimento, e se adapta aos meus métodos, fazendo uma dobra como ninguém. Um dia eu chego lá.

A Cris Alves, que também trabalhou em casa. Hoje trabalha em casa de família e faz parte da equipe aos fins de semana quando temos projeto. Fez curso de formação em mudanças juntamente com a Hilda e é muito ligeira e agilizada. Com ela, nenhuma caixa de papelão fica fechada e não há tempo feio.

A equipe é 100% sobremesa, nosso combustível diário.

Aos que estão comigo nos bastidores, Geraldo Barbosa, meu gestor administrativo e melhor amigo das planilhas; a Thais Nobile, do marketing digital, dona do engajamento das redes sociais com todas as suas novidades e alterações; e por fim, mas não menos importante, até porque ela está sempre com a gente, a Ju Michelle, nossa videomaker que já pegou a energia da equipe.

Stella Azulay, agradeço pelas sessões de Coaching, que certamente contribuíram para minha jornada.

Agradeço a todas as minhas mentoras que chegaram antes ou depois de mim e que muito me ensinaram no decorrer deste processo, afinal, damos as mãos e enaltecemos a nossa profissão tão necessária nos dias de hoje. Juntas, todas nós ganhamos e crescemos: Zetta Casalena, Ana Ziccardi, Vera Corradi, Carol Cordeiro Rosa, Cris Belfiore, Magda Zampieri, Veronica Cavalcanti, Priscila Sabóia, Adriana Gândara, Simara Sebastiani, Marcia Primo, Paula Furlan, Telma Masset, Renata Voloch Sassoun, Ana Flavia Barbosa, Maria Paula Tripoli.

Organizem-se, vale a pena 100%!

Sumário

Prefácio

Ao ser convidada para prefaciar este livro, me senti honrada e orgulhosa. Primeiramente porque esta obra compila onze anos de uma transição de carreira importantíssima e que deu muito certo; e segundo porque ela compartilha toda a metodologia que a Andrea criou para si, estudou e aprimorou com muita gana e maestria para poder hoje ser reconhecida nesta profissão de tanta valia e que realmente transforma lares e vidas.

Nós, mulheres beirando os quarenta, já passamos por algumas experiências profissionais, acertadas ou não, assim como, muitas de nós, já passamos pela maternidade, que continua com questões, conflitos, aprendizados e evoluções diárias no decorrer do crescimento dos nossos filhos. Algumas vezes, pegamos para nós a tarefa árdua e não remunerada de administrar um lar, mesmo trabalhando fora.

A jornada de ajudar uma amiga a descobrir seus dons e direcioná-los para uma nova profissão foi, sem dúvida, uma das experiências mais enriquecedoras da minha vida. Ser coach de alguém tão próximo exigiu uma mistura de empatia, paciência e, ao mesmo tempo, uma dose de objetividade que muitas vezes se esconde por trás das emoções compartilhadas ao longo dos anos de amizade.

O processo foi uma descoberta conjunta, no qual pude acompanhar de perto cada momento de dúvida e insegurança, mas também as vitórias e os pequenos saltos de confiança. O mais incrível foi perceber como, ao longo das conversas e reflexões, minha amiga foi se permitindo olhar para si mesma de uma forma nova, reconhecendo habilidades que antes estavam escondidas ou eram subestimadas.

Trabalhar como personal organizer trouxe à tona o que já estava dentro dela. Aos poucos construindo uma ponte entre o que ela já sabia fazer bem, pois sempre foi uma pessoa organizada, e o que poderia transformar em profissão de forma significativa e gratificante. Poder ver seus olhos brilhando ao perceber todo esse potencial foi uma recompensa indescritível.

Essa trajetória foi muito mais do que um processo de coaching: foi um aprendizado mútuo, uma experiência que fortaleceu ainda mais a nossa amizade e me ensinou que, muitas vezes, o verdadeiro poder de transformação vem de dentro, do amor que sentimos por fazer algo, não só porque pode dar um retorno financeiro, mas porque traz prazer e felicidade constante. Eu tive a honra de ser apenas uma guia nesse processo de autodescoberta, no qual a protagonista foi a Andrea.

Recomendo a leitura deste livro pela forma dinâmica com que ela se propõe a viver uma vida mais leve e sem excessos, com valores de dividir e ensinar, mostrando que a organização é acessível para todos. Cada obstáculo transformado em degrau de evolução e aprendizado relembrado aqui, de forma tão carinhosa, vai te fazer sentir o quão focada e envolvida nos projetos ela é, quanto ela carrega em si a vontade de dar certo com humor, leveza e amor à profissão.

Boa leitura, já ansiando os próximos volumes.

ADRIANA CAMHAJI

Introdução

Por muito tempo, em conversas com amigas e conhecidas, ouvia coisas como: "Sua casa é sempre impecável, parece que nada sai do lugar" e "Por que você também não organiza a casa dos outros?". Era uma época em que eu estava procurando me reinventar profissionalmente e fui surpreendida quando a Adri, uma amiga de longa data, me trouxe a ideia de criar meu próprio negócio e me apropriar da organização que sempre fez parte da minha vida, mas, dessa vez, profissionalmente.

Foi assim que, em 2014, após um delicioso café na padaria que a gente adora na rua Baronesa de Itu, durante aquele nosso horário nobre das sete horas da manhã, na mesinha no canto que já é praticamente nossa cativa, eu decidi que iria abrir a minha empresa de organização residencial, a 100% Organizer.

Sou profissional de organização há onze anos, também conhecida como personal organizer. Tenho atualmente 48 anos, sou casada há vinte e seis, e tenho um casal de filhos adultos, um com 23 e a mais nova com 21. Também tenho um cachorro da raça border collie, que apesar de ter uma energia intensa, é apaixonante; a alegria da casa, superinteligente, companheiro e família. Nem é tão bagunceiro assim, apesar da sua energia incessante.

Mas a minha jornada como empreendedora começou bem antes do que eu imaginava ou compreendia. Sou formada em Desenho de Moda pela Faculdade Santa Marcelina, e a minha paixão por esse universo já se manifestava desde a infância, quando eu desfilava com os vestidos das mães das minhas amigas pelos corredores das casas. Aos 19 anos, a paixão por moda virou negócio: tornei-me sócia da minha mãe em uma confecção de linha praia infantil, a Turma da Praia. Eu era responsável pela criação e por todo o processo de produção das peças, enquanto minha mãe cuidava da área comercial.

Trabalhar em uma empresa familiar tem os seus prós e os seus contras. Eu tinha muita flexibilidade de horários, podendo assim participar mais ativamente da criação dos meus filhos. Contudo, a incompatibilidade de gênios entre mim e minha mãe era enorme, o que desgastava, e muito, a nossa relação. Após treze anos de parceria, vendemos a marca, e para mim foi uma sensação de alívio imediato.

Apesar disso, eu não queria desistir da moda: me encantava ver as crianças nas praias e clubes desfilando as minhas criações, e eu tinha muita vontade de ter a minha autonomia profissional e financeira. Assim nasceu a Debaixo d'água, uma loja linda na Vila Madalena com um aquário enorme que em sete meses fez tudo ir por água abaixo, literalmente, não porque faliu, mas porque entendi que aquele não era o meu principal know-how, a minha habilidade principal.

Mesmo assim, a moda persistiu mais um pouco na minha vida quando decidi tentar um caminho através da pesquisa de tendências, sendo uma *cool hunter*. Mesmo com filhos beirando a adolescência, lá fui eu fazer a minha pós-graduação. Entretanto, não levei a nova carreira adiante: meus filhos ainda me requisitavam muito, e a demanda de viagens era alta.

Posso dizer que a experiência e a pós-graduação foram muito importantes para mim, já que meu trabalho de conclusão de curso foi um estudo etnográfico da Vila Madalena, uma pesquisa que envolveu uma análise profunda de comportamentos, crenças, costumes e outras características da comunidade. Dessa maneira, pude compreender quem era realmente o público desse bairro tão boêmio e o porquê de a minha loja não ter ido adiante ali. Foi difícil fechar a porta de um sonho, mas, de certa forma, acalmou o meu coração.

Empreender novamente como personal organizer e fazer uma transição de carreira beirando os quarenta, momento em que já não há tanto espaço para erros e encerramentos, não foi simples. Eu precisava entender quem eu era profissionalmente, onde me encaixava e o que estava buscando. Parti para um processo de coaching e, para a minha surpresa, através de muitos questionários e exercícios que englobavam todas as áreas da minha vida, como uma roda da vida (pessoal, emocional, financeiro e profissional), descobri que eu era líder e empreendedora, mesmo com meu medo de mais uma vez não dar certo.

Já na segunda sessão, cheguei muito empolgada, contando que achava que já sabia o que queria fazer e que havia pesquisado sobre a organização como profissão. Vi que tinham cursos de metodologia e, sim, apesar do meu medo insistente de não empreender novamente, minha coach me encorajou a tentar e recomeçar, mesmo que as experiências anteriores não tivessem sido tão positivas. Com essa possibilidade da organização em mente, enxerguei a luz que estava buscando e fui direcionando esse meu novo projeto profissional.

Durante todo o processo de coaching, aprendi três lições fundamentais que carrego comigo até hoje: a primeira é entender que a gente nunca vai agradar todas as pessoas, e isso é libertador. A segunda é que sempre sairemos de casa com um não e transformá-lo em "sim" só dependerá de nós, do nosso empenho e da nossa performance. A terceira lição é aprender a dizer não para as relações profissionais e pessoais, e isso não significa que haverá briga, por exemplo, mas sim que haverá respeito dos próprios limites, crenças e vontades.

Fora isso, procurei aprender e me atualizar fazendo cursos de metodologia de organização. Sim, para ser uma profissional nesta área, você precisa se qualificar. Não basta apenas saber dobrar perfeitamente e dispor em cores, é preciso entender que entrar em uma casa exige a mesma seriedade de entrar em uma empresa ou até mais. Entender sem julgamentos a dor de cada cliente, procurar soluções que se adaptem bem ao dia a dia dele e saber precificar, pois o valor do nosso trabalho não é somente o valor monetário, mas também o valor da entrega, do respeito e da dedicação.

Pelo medo e insegurança de empreender, também fiz um programa de *leader training* que consiste em buscar uma consciência mais profunda dos seus sentimentos, comportamentos e emoções, reconhecendo o impacto que esses elementos têm na nossa vida. O *leader training* nos ajuda a descobrir qual é a nossa missão aqui na Terra. É importante ir sem conhecer ninguém, para se abrir mais livremente. As dinâmicas são conduzidas de forma a trabalhar vários pontos pessoais para, assim, fortalecer o lado líder do profissional, o que me marcou muito.

Entender, por meio de exercícios de respiração, o que eu sentia em relação à condição do meu filho me fez sair de lá muito mais preparada e com uma melhor compreensão de todas as minhas dúvidas acerca da maternidade atípica. Isso me possibilitou transitar para fora de casa e encarar uma nova profissão estando muito mais segura em deixar meu filho para que ele evoluísse também. O *leader training* foi fundamental para me fortalecer neste processo.

Iniciei a 100% Organizer sozinha, e quando senti meu negócio expandindo, fui formando uma equipe incrível de seis profissionais dinâmicas, focadas, engajadas e tão apaixonadas por organização quanto eu – e asseguro que é apaixonante de fato, como você verá adiante.

A organização sempre fez parte da minha vida. Cresci em uma casa extremamente organizada, já que minha mãe, que era mãe solo, precisava sair para trabalhar, e só com muita ordem ela conseguia dar conta e controlar tudo à moda dela. Mas não se trata somente de crescer tendo a organização como exigência. Pessoalmente, nem gosto de tratar a organização com rigidez, uma ordem, um fardo, uma obrigatoriedade, um controle, senão perdemos o entusiasmo, torna-se chato e logo perdemos o interesse. Para mim, organização vai muito além disso.

Após passar por alguns laboratórios imprescindíveis, inicialmente para adquirir experiência com a 100% Organizer, onde realizei trabalhos "sem custo" em casas de pessoas desconhecidas justamente para aprender com críticas construtivas, consegui evoluir bastante com muitos erros e poucos acertos. Isso me ajudou a valorizar e sustentar o meu trabalho. Por fim, com essas vivências e diversos cursos como de organização de documentos, marcenaria funcional, pré e pós-mudanças, técnicas de dobras e organização de closets, organização de cozinhas, organização de rouparia, louceiros com inventário e bureaux de serviços, técnicas de passadoria, organização baby, treinamento e gestão de rotinas domésticas, consegui estabelecer meu nicho de atuação, que é acompanhamento e organização de mudanças e otimização de espaços em um ambiente da casa onde a pessoa já reside.

Hoje, com onze anos na área, posso assegurar que continuo aprendendo. Já errei bastante, até em pegar trabalhos para os quais eu não tinha as habilidades necessárias, como o processo de embalagem e transporte, sem ter qualificação, força física nem conhecimento para isso. Iniciava uma organização sem energia nenhuma, pois ambos os processos são muito braçais. Agora, conto com parcerias de empresas renomadas no mercado enquanto auxílio os processos para garantir maior confiança do meu cliente.

Afirmo que empreender é uma escola diária com muitos desafios, aliando persistência e paciência com doses excessivas de positividade. Acredito que, quando tudo está remando contra o bom humor, faz toda a diferença colocar um sorriso no rosto. Esse sempre foi meu caminho escolhido. A meu ver, um sorriso muda tudo.

ORGANIZAR UMA CASA EXIGE MUITO CONHECIMENTO; NÃO SE LIMITA A DOBRAS PERFEITAS NEM A DISPOR TUDO POR CORES, ENVOLVE TAMBÉM TER UMA VIDA MAIS LEVE E FELIZ COM MAIS TEMPO PARA FAZER O QUE A GENTE GOSTA.

NESSE LIVRO, VOU TE ENSINAR A CUIDAR DA SUA CASA COM MUITO AMOR E CARINHO, DE FORMA PRÁTICA E FUNCIONAL, E NÃO DE UM JEITO IMPECÁVEL, MAS COM VIDA, COMO UM VERDADEIRO LAR DEVE SER. MEU LEMA QUE FREQUENTEMENTE COMPARTILHO NAS REDES SOCIAIS É: CADA CASA É UMA CASA, E PARA CADA UMA SEMPRE HÁ UMA SOLUÇÃO.

Ter uma casa organizada é algo que pode ser aplicado em qualquer realidade. Se você mora em uma casa grande com uma metragem significativa ou em um estúdio, quanto mais organizado seu lar estiver, maior será a sua facilidade. Em ambientes maiores, você poderá encontrar mais espaços e opções de dispor seus pertences de forma funcional, enquanto em ambientes menores o exercício é estar constantemente revisando os itens e fazendo descartes mais frequentes, de forma a não acumular desnecessariamente e começar a perder os benefícios que uma boa organização oferece.

Eu aprendo a cada projeto, e assim vou criando milhares de possibilidades que impactam cada cliente, cada seguidor, cada amigo e cada um que se interesse por viver uma vida sem excessos. Ter uma vida organizada não é uma receita de bolo simples e igual para todo mundo; é um hábito que adquiri, assim como acordar todos os dias às seis da manhã para me exercitar, faça chuva ou faça sol. Sabe aquela sensação de dever cumprido? De que está pago, de que você conseguiu com êxito? É disso que se trata, um troféu interno de valor incomensurável.

Este livro é para você! Quero ajudar você a adquirir o hábito da organização. Acredite nisso e pode soltar o som, pois a hora que o bichinho da organização te morder (no bom sentido), você não vai querer outra coisa a não ser poder dançar na sua casa livremente. **UMA CASA ORGANIZADA TEM UM IMPACTO DIRETO NA NOSSA VIDA, REDUZINDO O ESTRESSE, O CANSAÇO FÍSICO E MENTAL, AUMENTANDO A NOSSA DISPOSIÇÃO NO DIA A DIA E MELHORANDO O NOSSO HUMOR, ACREDITE.** E sim, organizar-se pode ser muito prazeroso e divertido para toda a família. Nossa casa é o reflexo do que somos, um espelho, então precisamos gostar e muito do que estamos vendo. Continue firme aqui comigo.

CAPÍTULO 1

Cada casa, um projeto particular

Você sente que sua casa – e, por consequência, sua vida – estagnou a ponto de você já nem se dar conta de que aquela poltrona do quarto, que antes era um retiro agradável para uma leitura, já virou uma montanha de roupas empilhadas, sujas ou limpas, que ninguém nem consegue identificar? E, o pior, já nem incomoda tanto assim. Virou literalmente um cabideiro, e o mesmo acontece muitas vezes com uma esteira ou uma bicicleta ergométrica.

Já parou para pensar que hoje em dia qualquer pessoa, desde uma criança até um idoso, precisaria que o dia tivesse 25, 48, 60 horas? Estamos 100% atarefados, sobrecarregados com milhões de informações que chegam a nós de minuto a minuto, de inúmeras formas, fazendo com que o cérebro e a mente transbordem até perder o foco. É tanta coisa que a gente tem a sensação de que já não memorizou os conteúdos, e não memorizou mesmo.

Quantas vezes você desceu a escadaria da sua casa, com mil coisas em mente, e, chegando ao andar de baixo, parou e ficou se perguntando: "O que vim fazer aqui mesmo?". Comigo já aconteceu inúmeras vezes. E ainda há as ocasiões em que pensamos: "Preciso mandar um e-mail para tal pessoa ou empresa, urgente" e, ao abrir o celular, nos deparamos com um monte de propagandas, notícias bombásticas, promoções, mensagens. Daí a gente navega, navega e navega tanto que não chega a lugar nenhum, e o pior: sem ter feito o que deveria desde que pegou o celular.

Já abriu a geladeira e ficou parado até ser trazido de volta pelo apito do *timer* e ainda assim não lembrava o que foi buscar para comer? A boa notícia é que você não está sozinho, tem muita gente assim e, como eu mesma falei, apesar de ser super organizada, vou me incluir nessa lista VIP.

Não se trata de idade; tem ocorrido principalmente com pessoas mais jovens, e o uso incessante do celular potencializa isso – o tal do ruim com ele e pior sem ele. Esse esquecimento é fruto do enorme volume de informação disponibilizado pelo avanço tecnológico, que leva a um declínio cognitivo relacionado ao uso descompensado de aparelhos eletrônicos. Os especialistas chamam esse fenômeno de amnésia digital.*

Sim, é muito irritante e incomoda demais. Pense em um dia comum, no qual você sai de casa e enfrenta tudo e mais um pouco: trânsito para quem vive em grandes cidades, problemas no trabalho, pessoas intolerantes, pega o carro atrasada para ir buscar as crianças no colégio e percebe que está sem combustível, gerando mais atrasos, e ainda por cima chove incessantemente. Quando você por fim chega em casa e abre a porta, se depara com um verdadeiro caos.

Com certeza já aconteceu contigo. Dá uma vontade de fugir para qualquer lugar do mundo, desde que não seja a sua casa no estado em que ela se encontra. Tudo espalhado, jogado pelos cantos, acúmulos de roupa para lavar, para passar e para guardar. Correspondências nunca lidas e consequentemente boletos nunca pagos que gerarão multas e juros. Brinquedos na sala, mas quem manda? O adulto ou a criança? Sem contar a mesa de jantar (aquele lugar onde pelo menos uma vez ao dia a família se reunia, antes da bagunça tomar conta) que está tomada de objetos, presentes não entregues, exames médicos não abertos. Agora, cada

---

* REAL, Fernanda. Amnésia digital é fruto do volume de informação disponibilizado pelo avanço tecnológico. *Jornal da USP*. Disponível em: https://jornal.usp.br/atualidades/amnesia-digital-e-fruto-do-volume-de-informacao-disponibilizado-pelo-avanco-tecnologico/. Acesso em: 30 maio 2025.

um tem que pegar o seu prato e comer em outro lugar, e isso é triste. Falo porque presenciei algo assim ao vivo e a cores durante uma visita técnica e me incomodou demais, a ponto de eu agradecer por minha família fazer pelo menos uma refeição do dia em conjunto, e com uma mesa sendo mesa, e não um depósito.

Para piorar, pois nessa rotina não tem jeito a não ser enfrentar o caos, muitas vezes temos crianças recém-chegadas da escola que exigem comida, banho, lição de casa, e nós, os adultos responsáveis por elas, normalmente vamos refazer o primário, o ensino fundamental e até o médio com eles, ajudando nas lições e trabalhos escolares. Aí vem tentar jantar e colocar para dormir (aquele momento de glória do dia), porém você ainda precisa fazer o jantar e, para ajudar, não está conseguindo encontrar os utensílios nem os alimentos. É um caos generalizado; tudo está fora de lugar.

Nessa situação, eu pararia e pensaria em algo prático como um macarrão de que todo mundo gosta, e resolveria o jantar – mas aí a gente percebe que não tem macarrão porque, quando a casa está um caos, ninguém se lembra de fazer compras. Não tem nada na despensa, nem lista de supermercado pronta, nem entregas pré-programadas. Entregas on-line costumam demorar em dias de chuva, ou nem acontecem. No improviso, vai ter que ser salsicha no pão (se tiver).

Lembrando que más organizações levam a péssimos hábitos, inclusive os alimentares. Nós nos acostumamos a comer sentados no sofá, em frente à televisão ou com um celular na mão, e a ingestão de comida leva, às vezes, menos de cinco minutos. Ninguém se fala, ninguém tem tempo, que é a principal busca em um processo de organização. A comida é a que tem na geladeira, ou um pacote de bolacha recheada substituindo um almoço ou um jantar saudável. E o pior: perde-se o contexto de uma refeição compartilhada, o contexto familiar, a verdadeira essência de um lar.

Em uma casa organizada, a diversão pode ser cozinhar junto, por exemplo. Cada um se responsabiliza por uma tarefa, tem muito bate-papo, muitas opções de comida de acordo com o que se consome e não falta nada, porque temos tudo listado. Tem vinho, tem música, tem alma, temos o tão sonhado tempo de nos curtir e aproveitar o que o nosso lar pode nos oferecer de prazeroso.

Agora outra situação: imagine que você está em um processo de mudança de casa, que pode e deve ser tranquilo, mas, na maioria das vezes, não é. Para ajudar, tem o caminhão que, quando estaciona, é como se estivéssemos vendo um monstro gigante. Quando você chega em casa depois de um dia cheio de inconvenientes, querendo descansar, encontra pilhas de caixas não desbravadas, paradas há um mês, pelo menos, ou até ainda mais, afinal, se falta tempo, você não vai nem conseguir abrir a metade delas sem ajuda profissional. Nesse processo, há coisas que você tem certeza de que encaixotou e como não acha nada porque está

DICA IMPORTANTE:
Jamais deixe a empresa embalar e levar na mudança objetos de valor, como joias, relógios e documentos pessoais. Leve sempre com você, pois, mesmo com seguro, infelizmente estamos sujeitos a tudo, e esses pertences podem se perder entre papéis e papelões e acabar indo para o lixo ou serem danificados.

tudo empilhado na sala, compra tudo de novo, em duplicidade, triplicidade ou mais, criando mais bagunça e excessos. A demasia, o exagero, é o que mais me incomoda.

Você pode estar se mudando para um lugar maior, o que muitas vezes não chega a ser vantajoso, porque temos a tendência de espalhar nossos pertences de forma errada, sem funcionalidade ou critério, e perdemos horas circulando de um ambiente a outro até ter tudo o que precisamos em mãos. Ou talvez você esteja indo para um lugar menor, onde faltam espaços. Obviamente há muitas coisas na sua casa atual que não precisam estar de partida com você, ora pelo excesso de uso sem serventia, ora pela quantidade demasiada.

Certa vez, fui organizar a mudança de uma cliente em um pós-reforma em que ela ficou no apartamento, porém ocupando somente o quartinho da área de serviço (uma vez que a funcionária não pernoitava na casa), com o mínimo de coisas, mas suficiente durante o tempo que a reforma durou. No final, quando todas as caixas voltaram do guarda-móvel, ela olhou para mim e disse: "Para que eu paguei para trazer tudo isso de volta se fui capaz de viver tão bem esse tempo todo com tão pouco e o necessário?" Essa conscientização vem principalmente através da experiência vivida.

Você já pensou em descartar, vender ou doar antes de contratar uma empresa de embalagem e transporte? Eles cobram por volume e, muitas vezes, se você deixa de se planejar por falta de tempo, o valor que pagará depois da realização da mudança será tão alto que não conseguirá contratar posteriormente um serviço de organização, por exemplo. A boa organização tem reflexo direto nas finanças.

Doar é sempre muito bacana, e o que você por ora não está usando pode ajudar muitas pessoas que necessitam. Aqui eu só faço um apelo: cuidado e carinho com as doações, não é tudo que já não serve para você que poderá servir para outra pessoa, como as sempre existentes meias sem par. Sim, há empresas que fabricam cobertores feitos de meias para moradores de rua, por isso você pode se informar e encaminhar sua doação corretamente, senão ela é simplesmente lixo.

Ao doar, pesquise a instituição escolhida. Por exemplo, se for uma ONG para crianças, talvez aquele vestido de paetês ou sapatos de salto guardados por anos não terão uso, exceto se tiverem um bazar para reverter vendas em lucro, os beneficiando. Também categorize as doações para ajudar quem vai recebê-las, facilitará muito para a instituição receptora, pois algumas vezes não há mão de obra suficiente para fazer separações, ou a urgência não permite tal trabalho, como em situações de enchentes, como o que aconteceu em 2024 no Rio Grande do Sul.

Vender algo que custou caro antes da mudança pode ser bem proveitoso, até para você ganhar um dinheiro extra e investir em algo novo para a nova residência, como um eletrodoméstico útil ou um belo jogo de jantar. O mercado de segunda mão está bem em alta e cheio de oportunidades, você pode se surpreender.

Todo o processo de pré ou pós-mudança é sempre bem intenso. Quanto mais ajuda você tiver, melhor e mais tranquilo será. Vale pensar nisso com atenção. Sei que é uma situação complicada, e é por isso que estou aqui. Quero te ajudar, afinal de contas, ninguém precisa dominar todos os assuntos e ter que fazer tudo sozinho. No processo de organização, nos cabe trazer soluções e existe uma solução para tudo ou praticamente tudo.

A desordem, na maioria das vezes, nos leva ao fundo do poço até nos darmos conta dela, e pode chegar a consequências mais graves, como depressão diante desse caos, que se manifesta por aquela vontade de não se levantar da cama para não ter que encarar tudo o que está estagnado. Aí você vai se abandonando e largando tudo à sua volta, incluindo até aquele animal de estimação tão fiel que nada tem a ver com tudo isso. Procrastinar, que parece até um palavrão, significa deixar para amanhã ou depois o que poderíamos ter feito hoje, ou se deixar vencer pelo acúmulo de coisas a fazer que, a meu ver, é o mais grave; deixar que as coisas te dominem, tomem conta do seu lar, que deixa de parecer um lar propriamente dito e passa a ser um entulho de coisas insignificantes atravancando o seu caminho.

Preciso mostrar a você uma triste realidade que vejo frequentemente nas casas em que organizo, tão comum que já identifico logo na visita técnica, que é quando vou presencialmente conhecer o meu cliente, o espaço a ser organizado e ouvir as principais queixas. Vou circulando por todos os ambientes juntamente com o cliente, que muitas vezes está desconcertado, envergonhado e vai esbarrando e tirando as coisas do meio do caminho e se desculpando por não ter "arrumado a bagunça" para eu poder entrar. Ressalto que a visita técnica não é para causar nenhum constrangimento ou vergonha, e sim para que eu possa entender a forma como meus clientes vivem na casa e ter ideias de como criar soluções mais satisfatórias, práticas, e até proporcionar uma segurança a ele ao me conhecer e saber quem vai mexer nas coisas dele.

Em uma visita técnica, jamais vou para reparar na bagunça, algo que nem costumo potencializar para não aumentar o desconforto do cliente. Pelo contrário: vou buscar entender o estilo de vida, ver se posso entrar com alguma sugestão de materiais organizadores facilitadores ou até uma alteração de marcenaria, afinal **O ARMÁRIO TEM QUE SE ADAPTAR AO NOSSO ESTILO DE VIDA OU NÓS É QUE TEMOS QUE NOS ADAPTAR AO ARMÁRIO?**

Entenda aqui o armário como uma metáfora de todos os ambientes: um banheiro, uma brinquedoteca ou uma despensa. Mesmo que ele já exista na residência que você alugou ou comprou, dá para fazer melhorias. Se você vai projetar o armário, o que sabemos ser um custo alto, daí sim que deve se atentar aos mínimos detalhes para que todos os seus pertences sejam guardados de forma prática nele, e tudo isso antes de ele ser fabricado.

Arquitetos e organizers podem e devem trabalhar juntos nestes projetos que, ainda no papel, podem ser alterados até chegar à extrema satisfação do cliente. Depois dos armários fabricados, grandes alterações deixam de ser possíveis. Esse *match* se dá enquanto o arquiteto projeta os ambientes e nós, organizers, vamos até a residência atual do cliente e entendemos se há uma preferência para dobras ou pendurados, gavetas ou prateleiras, a quantidade de coisas que ele tem e que terão que ser adaptadas nesse novo projeto.

O que observo é que, em sua maioria, as pessoas se acostumam e abrem a porta com uma mão e com a outra seguram a prateleira que está bamba, e com o pé a gaveta que não fecha sem um tranco e tudo bem. Ou você tem cem pares de sapatos e lhe apresentam um projeto de uma sapateira para vinte, afinal, é o espaço que tem, aí você reza e pensa: empilhando dá. Mas não tem milagre que dê conta disso, e se tem, não tem praticidade, e a gente se acostuma a empurrar com a barriga.

Vale muito a pena a leitura da crônica da escritora Marina Colasanti, "Eu sei, mas não devia".* Em um trecho, ela diz: "A gente se acostuma a acordar de manhã sobressaltado porque está na hora. A tomar o café correndo porque está atrasado. A ler o jornal no ônibus porque não pode perder o tempo da viagem. A comer sanduíche porque não dá para almoçar."

Sempre afirmo que a gente se acostuma e vai deixando passar coisas que podem ser simples de serem resolvidas. Somos nós quem complicamos tudo, nos acostumamos ao mais custoso e seguimos assim. Que tal desapegar? O mal tão necessário que, em sua maioria, todo mundo evita fazer. Muitas pessoas até pensam que desapegar significa facilitar o meu trabalho para consequentemente eu ter menos coisas para organizar, mas não é nada disso. Ao organizar, eu preciso facilitar a sua vida, fazer você ver o que tem, senão não vale o investimento.

Ter uma vida prática e funcional exige esforço. Não é de uma hora para outra, e eu não tenho uma varinha de condão.

---

* COLASANTI, M. *Eu sei, mas não devia*. Rio de Janeiro: Rocco, 1996..

No entanto, descobri uma valiosa lição através de uma cliente muito querida. Vale contar essa história. Quando eu estava no início da carreira, ia sozinha aos projetos e chegava a passar uma semana em cada casa. Certa vez, em uma delas, a cliente me disse: "Nós temos uma sala de televisão só da família, sem precisar usar a sala de estar, porém não temos onde nos sentar porque enchemos o sofá com muitos objetos aleatórios que vamos comprando."

Eu faria alguns outros ambientes primeiro no decorrer do processo, mas resolvi começar pela dor maior: o sofá. Tirei tudo de cima, então a chamei e disse: "Seu sofá está aqui, ele ainda existe", simples assim. Por que escondê-lo com coisas, menosprezando a sua verdadeira função? Ela revisou tudo o que tirei dele e, assim, fui organizando em outros espaços, deixando-o livre para a felicidade daquela família em poder se reunir novamente. Mas não era o sofá o problema, e sim deixar que os objetos substituíssem a harmonia familiar, por cansaço, preguiça, falta de tempo ou mesmo de conhecimento. Mil e uma vezes um sofá com pipoca esparramada (pois ali existe gente que se junta, se diverte e sorri) do que um quarto silencioso, bloqueado e inutilizado por coisas. Esses objetos poderiam até existir e estar nesse mesmo ambiente, porém de forma coesa, categorizada e organizada, sem impedir a circulação.

Durante o processo, muitos clientes me oferecem um café, um bolo, e eu recuso, não por mal, mas por estar imersa ali, na organização. Quando chegou o último dia dessa cliente do sofá, ela me perguntou se eu ainda ia demorar, pois ela teria que sair e voltaria em meia hora. Pensei que algo não tinha ficado de acordo, e ela me pediria para refazer, afinal, eu ainda estava iniciando na carreira. Foi quando ela me chamou na sala e me surpreendeu com o chá da tarde mais recheado que já vi, cheio de delícias, reconhecimento e carinho. Nesse momento, ela me disse: "Você é uma fada, e como não aceitou nada do que lhe ofereci durante a semana, gostaria de lhe presentear assim". Nunca mais me esqueci dessa tarde tão incrível e de que, sim, talvez eu tenha uma varinha de condão por restabelecer naquela casa o significado de aconchego. Até hoje, já passado muito tempo, ela ainda se refere a mim como fada.

Além de fada, por outra cliente, que fiz meu primeiro trabalho bem no início e agora, passados no mínimo uns sete anos, ela me recontratou para um novo momento, já que os filhos saíram de casa, sou chamada de *amada*. A filha dela, que também se transformou em minha cliente, queridíssima e extremamente gentil, agora tem uma bebê, e já, já vai ter outra. É um ciclo muito gostoso de acompanhar e organizar, e hoje ambas se referem a mim como amada, e me sinto mesmo. A gente capta e recebe a energia de cada casa.

Sabe uma pessoa que faz questão de sempre comentar nos meus posts da importância do meu trabalho e de como fica feliz quando vou lá? Isso valida demais meu trabalho. E ela ainda faz questão de me indicar para amigas e conhecidas. Ao ir lá, eu me sinto totalmente íntima, almoço junto, tomo café e até opino em coisas que nem fazem parte da organização. É uma extensão do meu trabalho para uma amizade muito carinhosa, que faço questão de preservar com carinho.

Lembra que perguntei de início sobre a poltrona cabideiro? Calma, nem tudo está perdido, eu também tenho uma aqui em casa. Sim, tenho; casa de ferreiro, espeto de pau. Entretanto, ela não é minha, mas do meu marido. Aprendi a viver sem ela, ou melhor, sem olhar para ela, e a valorizar imensamente o cesto de roupas sujas. Ele vai aprender a valorizar também; como falei, é um exercício. Na dúvida, eu nem hesito e coloco tudo para lavar.

A ORGANIZAÇÃO É UM HÁBITO QUE DEVE SER REGADO DIARIAMENTE COM INSISTÊNCIA, FOCO, FORÇA E FÉ, e garanto que só tende a melhorar, e nós ainda vamos brindar no final.

CAPÍTULO 2

Teoria do Caos

Como mencionei, cresci em uma casa organizada. Na maioria das vezes, não era tão legal assim, justamente por ter um tom de obrigação, pela necessidade de controle da minha mãe que ficava fora o dia inteiro. Lembro-me de ter um armário no meu quarto cheio de jogos e, por consequência, mil e uma pecinhas. Em um domingo de chuva, minha mãe não quis pensar em uma atividade para fazermos fora de casa e, como a televisão era uma só na sala e limitada, o entretenimento, sem dó nem piedade, foi jogar todas as peças dos meus jogos no chão e falar para mim e meu irmão mais velho: "Pronto, podem 'arrumar' toda esta bagunça." Durou um longo período do dia para alegria dela e infelicidade nossa. Nenhuma criança ou adolescente gosta de ouvir a frase "vai arrumar o seu quarto!".

QUERO ESCLARECER AQUI A DIFERENÇA ENTRE ARRUMAR E ORGANIZAR. QUANDO VOCÊ ARRUMA ALGO, ESTÁ TIRANDO A BAGUNÇA DO ALCANCE DO SEU OLHAR PARA UM ALÍVIO IMEDIATO E LOGO MAIS ESQUECIDO. ARRUMANDO, COLOCAMOS TUDO SEM CRITÉRIO EM UMA CAIXA, FECHAMOS E A COLOCAMOS DEBAIXO DA CAMA, POR EXEMPLO, PARA NUNCA MAIS MEXER OU ACHAR. JÁ QUANDO ORGANIZAMOS, NÓS SEPARAMOS TODA A BAGUNÇA, CATEGORIZAMOS OS ITENS POR FAMILIARIDADE E ASSIM, AO COLOCARMOS NA CAIXA, SABEMOS EXATAMENTE O QUE TEM LÁ DENTRO E PODEMOS ACESSAR (NÃO EMBAIXO DA CAMA, MAS SIM EM UM ARMÁRIO) O CONTEÚDO QUANDO PRECISARMOS COM UMA AGILIDADE ENORME. Transparência e etiquetas auxiliam ainda mais esse processo.

Sendo mãe de dois filhos, confesso que já falei a tal frase para eles muitas e muitas vezes. No entanto, as condutas e metodologias que fui aprendendo durante as minhas experiências profissionais me reforçaram a importância de viver em ambientes conjuntos organizados (por exemplo, uma cozinha, sala ou escritório), para que todos consigam estar juntos em harmonia. E também aprendi que os quartos dos meus filhos são deles e é preciso respeitar, dar essa abertura, sem imposições, para que eles lidem com seus ambientes privados como acharem melhor. Claro, com ajuda e orientação, e aí por que não contratar ajuda profissional?

Consigo realizar maravilhas trabalhando com crianças e adolescentes, e adoro essa parte da organização. Por eu ser uma pessoa desconhecida, eles se sentem mais abertos a escutar e até descartam com muita fluidez. Eu não opino, simplesmente oriento e direciono sem derrubar um armário inteiro no chão. Eles vão incorporando os benefícios de viver em uma casa – e por consequência uma vida – organizada, dentro de um ambiente que lhes pertence, deixando de uma forma que funcione para eles. Como mãe, me policio bastante hoje em dia, pois é sem querer mesmo que acabamos nos sobrepondo. Daí, por resistência, nossos filhos se recusam a aderir às nossas ideias. Temos que trabalhar em conjunto e harmonia para ser vantajoso e legal para todo mundo.

Uma dica importante: não se desfaça por conta própria de trabalhos escolares ou feitos em atividades de artes, nem de coleções por livre e espontânea vontade, achando que o seu filho não vai ficar triste. Eu fui aquela mãe que fazia cara de pânico todo final de semestre, quando a professora vinha com aquelas pastas gigantes com trabalhos de pintura com areia, argila e muito mais. E, sim, joguei alguns fora, mas hoje eu instruo meus clientes a fazerem de tempos em tempos uma limpa com os próprios filhos. Às vezes, o que para a gente seria rabisco e simplesmente iria para o lixo, para eles tem valor, pois recebeu um mega elogio na classe, dentro do contexto do que estavam aprendendo. Não cabem as pastas no maleiro? Que tal escolher alguns e enquadrar para colocar no corredor ou scanear e montar um fotolivro para ter de lembrança para sempre? Reafirmo que tem solução para tudo.

Até experiências mais radicais para nossos filhos, como um intercâmbio, aonde vão para um país desconhecido, com outra cultura, dividindo um quarto ou uma casa com outros estudantes do mundo todo com outras culturas, saindo então da zona de conforto, são muito ricas para esta conscientização e valorização dos benefícios de ter uma casa organizada. Minha filha, por exemplo, que não é organizada e se acomoda muito no "tem quem faça", está em um processo desse e sofrendo muito. A cada dia que ela se queixa e conta como tem se apossado da faxina, eu relembro como ela saiu daqui e questiono se no retorno ela vai manter este hábito, porque, quando temos alguém fazendo, a probabilidade de cair no "esquecimento proposital" é gigante. E, assim, temos que rebolar para trazer de volta a conscientização de que não moramos sozinhos e blá-blá-blá.

Ao dividirmos uma casa com outras pessoas, íntimas ou não, vale uma conversa sobre como podemos manter tudo harmonicamente organizado de forma a facilitar a vida de todos e proporcionar bem-estar. Nem todos curtem ou estão adeptos aos muitos detalhes que podem parecer supérfluos, mas em um conjunto, por exemplo, em uma cozinha de que todo mundo usufrui, é imprescindível que o mínimo de ordem e limpeza se mantenha.

Quando você entende que a organização traz ganho de tempo e paz de espírito, você evolui, e muito. Eu trabalhei em algumas confecções até chegar ao meu negócio, e nelas eu cuidava da criação, espalhando tecidos, aviamentos, rascunhos, e essa bagunça, de alguma forma, abria a minha mente criativa em um espaço onde só eu trabalhava. Porém, quando se tratava da produção e envolvia outros profissionais responsáveis pelo corte e costura, a ordem tinha que reinar, e reinava de verdade. Em uma casa, funciona da mesma forma: o quarto de um adolescente pode até ter uma certa desordem sob o olhar da mãe, e talvez para ele esteja de forma satisfatória, a ponto de ele conseguir se achar. Contudo, ambientes comuns de uma casa, usados por todos os integrantes, devem ter um mínimo de ordem, principalmente ao usar e devolver objetos usados por todos, como uma câmera fotográfica ou uma caixa de ferramentas, documentos pessoais e de veículos, carteira de vacinação dos pets e por aí vai. Dessa forma, todo mundo se beneficia e encontra facilmente o que precisa. A coleira do meu cachorro fica pendurada em um gancho na porta de saída. Não é lindo, mas é funcional.

Posso fechar os olhos agora e memorizar a sala onde os tecidos novos ficavam estocados, os fios e linhas de costura que eram separados em cores, onde os diversos botões, pedrarias, laços e afins eram dispostos em vidros transparentes, e mesmo que eu não estivesse presente por qualquer eventualidade, qualquer um poderia entrar, com prévia autorização, e localizar rapidamente o que precisava sem perder tempo ou parar a demanda do trabalho. Você não é responsável por tudo sempre, nem é insubstituível, tanto dentro de uma empresa quanto dentro de casa e, sim, tudo pode ser encontrado se houver o mínimo de ordem e hábito. Insistam no início com perseverança, para não perderem o fluxo.

Um adendo: se você tem um ateliê, ou gosta de costurar em casa, pode se apropriar de vidros de conservas, geleias ou palmito, e personalizá-los nas tampas com tecidos, por exemplo, e ir organizando as miudezas dentro. Com a transparência do vidro que permite total visibilidade, além de praticar a sustentabilidade, que é tão necessária para o nosso planeta, você mantém tudo a fácil acesso. Criativos de plantão, mãos à obra, fica lindíssimo e prático.

O hábito de etiquetar também é importante na organização, principalmente quando mais pessoas acessam aquele espaço ou ambiente. Acredito que vale investir em uma etiquetadora/rotuladora, que são muito fáceis de usar. Podemos usar também etiquetas já compradas prontas ou em branco para escrever à mão com canetas coloridas.

Etiquetar é um dos hábitos que vai sendo regado dia a dia. A sugestão é etiquetar como guia rápido, sem muitos detalhes, apenas a primeira palavra. Exemplos: um pote de farinha de trigo deve ser etiquetado como “farinha de trigo”, camisetas regatas apenas “regatas”, a menos que haja a necessidade de diferenciá-las como regatas de algodão ou regatas de tricô, ou de adicionar a data de validade nos alimentos. Se as etiquetas foram coladas por uma organizadora e você não participou do processo, com o tempo, à medida que se familiarizar com o espaço, pode ajustá-las ou removê-las. Isso permite maior flexibilidade para reorganizar os itens conforme novas necessidades surgirem.

Muitas mães, assim como eu, costumam ter a síndrome da Mulher Maravilha e achar que, sim, somos insubstituíveis, e agarramos tudo para a gente. Entretanto, se virmos que tudo está em ordem, mesmo que do jeito deles e não do nosso, e nos desprendermos da obsessão por controle, experimentaremos algo libertador, tanto para nós quanto para os nossos companheiros. Melhora o casamento, a relação com os filhos, funcionários e chega até a melhorar a pele, porque evitamos um estresse desnecessário e ganhamos qualidade de vida com boas conversas e risadas juntos. Sobra tempo para conversar e conectar-se quando não se está brigando e discutindo. Nem sempre a nossa maneira de enxergar as coisas é 100% a correta. Guarde este conselho: **LEVEZA SEMPRE, E ESPAÇO PARA TODO MUNDO PODER CONVIVER SOB O MESMO TETO EM HARMONIA.**

Delegar é necessário no processo de organização, com a vantagem de que todo mundo participa e se beneficia com os erros, acertos, contrapontos, contradições e claro, os resultados. Pode haver disputa, principalmente no início, mas depois tudo se ajeita.

Aqui em casa ia tudo bem até eu ter o meu primeiro filho, quando tivemos que contratar uma enfermeira temporariamente para nos ajudar, ocupando um espaço de trabalho e descanso do meu marido em um apartamento que não era grande, e abrindo caminho para todas aquelas coisas que uma bebê requisita: banheira, trocador, cadeirão, estoque de fraldas, latas de leite, brinquedos e por aí vai. Um filho muda tudo, faz o seu mundo girar. Talvez você tenha que mudar de casa pelo pouco espaço ou então contratar mais funcionários, e, assim, reaprender, ou repaginar, a organização nesse novo espectro.

E por falar em espectro, meu primeiro filho foi diagnosticado com TEA, ou Transtorno do Espectro Autista, com um ano e meio, o que é raro, e como foi certeiro, contribuiu e muito para ele chegar onde está hoje, pois fez terapia de intervenção precoce. Posso afirmar que o meu convívio com ele e nosso exercício de vinculação também contribuíram muito para o meu processo de trabalhar com organização.

As pessoas com TEA precisam estar em ambientes extremamente organizados, e as rotinas, quando quebradas, podem gerar um incômodo para elas. Algumas vezes pode ocorrer de que, sem conseguir verbalizar estes incômodos, elas se agredirem. Meu filho é 100% verbal, e aqui o diagnóstico serviu para explicar aos outros o que ele tinha devido a alguns comportamentos e estereotipias, mas, entre nós – eu, ele, marido e filha –, resolvemos trocar amor e aprender com ele. O quarto dele é IMPECÁVEL, sim, no bom sentido; não engessado, mas muito em ordem, e assim ele fica tranquilo e sabe onde cada coisinha está. Tudo fica leve, e do quarto se transpõem para outros ambientes da casa: ele lava a louça como ninguém, odeia cama desarrumada, não deixa o cachorro entrar no quarto, e o carro dele (sim, ele dirige muito bem) parece sempre recém-saído da concessionária de tanto que ele cuida. Com certeza, ele me ajudou muito nesse meu novo empreender.

Vale falar um pouco algumas particularidades dele: ele foi aprendendo os nomes das ruas e os caminhos que nos levavam a tal lugar e ensinava inclusive as minhas vizinhas a não pegarem trânsito, optando por alternativas mais rápidas, um verdadeiro GPS humano. Porém, se em determinado momento eu mudava a rota, ele se desorganizava e ficava nervoso, questionando por que eu fiz aquilo.

Ele também tem muita dificuldade de escolher. Quando lhe perguntamos coisas como "você quer este sapato ou este?", ele repetia "este ou este, ou tanto faz", e eu insistia para que ele escolhesse um. É importante estimular a autonomia dos nossos filhos, principalmente se forem atípicos, e, para isso, a organização, com toda a visibilidade, facilita demais.

Meu filho também amava aviões, desses que as companhias vendem nos aeroportos, de peças de madeira para montar casas, assim como peças LEGO. Ele sempre brincava com extrema organização, não deixando o meu labrador entrar no quarto, pois seu rabo acabava derrubando as torres e construções, deixando-o irritado. Ao final, tudo tinha que voltar para o seu devido lugar, para recomeçar novamente no dia seguinte.

Voltando um pouco à reorganização quando se tem filhos, vale pensar muito mais em funcionalidade, lembrando-se das várias madrugadas em alerta que virão, do que na beleza estética. Não dê tanta atenção a conselhos externos do que funciona na casa da vizinha que também é mãe: tem que funcionar para você, no seu estilo de vida. Talvez a sua vizinha tenha ajuda de profissionais que você não tem e vice-versa. Nessa fase dos filhos, quando ainda são menores, posso assegurar que a organização se torna uma ordem bagunçada. Por exemplo: deixar a sacola de passeio no aparador da entrada da sala para não sobrecarregar o trocador e assim facilitar na hora da saída. Não é perfeito, mas está ótimo, entende? Você vai determinar o que fica mais prático, e não necessariamente lindo. Ficar se preocupando com o lindo para receber a sogra ou para o bom inglês ver é exaustivo e maçante.

Eu sempre falo para as minhas clientes que é importante estabelecer qual espaço da sala que as crianças podem brincar se não houver outro lugar, pois, às vezes, não há brinquedoteca. Uma grande lição que aprendi errando e vou dividir com vocês: quando meu filho nasceu, eu ainda não trabalhava com organização profissional, e era uma mãe jovem, de primeira viagem. Muitas informações, muitas noites mal dormidas, muita gente em casa; tudo havia mudado, e o meu apartamento, que era uma casinha de bonecas, acabou virando uma cabana apertada. Piscina de bolinhas que a vovó trouxe, transição da amamentação para a comida sólida que fez necessário um cadeirão para a sala, móveis antes escolhidos pelo design para um casal sem filhos agora representavam um perigo constante ao meu filho que já engatinhava e ensaiava os primeiros passos. Pois bem, tínhamos uma mesa de centro toda trabalhada com vidro grosso e bem pontudo nas laterais. Quando meu filho literalmente saiu andando em uma das sessões de terapia, meu marido disse à psicóloga: "Agora vamos esvaziar a sala para ele poder circular com bastante espaço, sem correr nenhum risco." Ela riu e brincou, dizendo: "Ótimo, a vida inteira vocês vão fazendo isso, ir tirando todos os obstáculos da frente dele para ele não ter que 'sofrer' e poder 'aprender'."

Não preciso dizer que saímos sem jeito, mas repensamos as nossas atitudes. Nossos filhos precisam aprender a dividir os espaços da casa. É ok ter uma piscina de bolinha na sala para eles brincarem, assim como também é ok manter uma mesa de centro que a criança, se bater nela e se machucar, vai aprender que tem que desviar.

Nós aprendemos com as experiências que às vezes deram errado, tanto em casa como na casa dos clientes, e vou contar algumas delas para vocês entenderem. Eu ainda estava no início dos cursos de metodologia quando a minha coach ligou e disse que tinha uma oportunidade onde eu faria uma mudança inteira, desde acompanhar o descarte, fazer a embalagem de tudo (hoje trabalhamos em parceria com empresas especializadas), receber e organizar tudo na nova residência. Detalhe importante é que o serviço era para uma atriz famosa que divulgaria o meu trabalho, mas eu estava ainda desenvolvendo meu método, finalizando os primeiros cursos de formação. Como encarar esse desafio sozinha?

Tive muita insônia, ou melhor, nem dormi, pois eu tinha só até o dia seguinte para responder se aceitava ou não a proposta. Se fosse completamente racional, jamais teria aceitado o trabalho, entretanto, o pensamento de que jamais teria outra oportunidade como aquela logo no início da minha nova empreitada me fez aceitar. Não tive surpresa quando percebi que ela já sabia a minha resposta e só estava me aguardando assinar embaixo.

A começar pela gafe, logo na visita técnica quando, ao perguntar para ela se o cachorro maltês dela era fêmea, eu falei que tinha um igual da mesma raça e que, no caso, o meu era "fêmeo", tamanho o meu nervosismo e falta de experiência em visitas como aquela. Entre muitos erros, afinal eu estava apenas no início da nova carreira, fui me ajustando aos poucos.

Fora isso, embalei de forma errada muitos pertences justamente por não saber contabilizar o número de caixas necessárias com tamanhos ideais para cada objeto ou não saber que as caixas precisavam ser reforçadas; quebrei uma xícara de família pintada a mão sem poder repor como sempre faço quando disponível no mercado; não sugeri materiais organizadores que poderiam facilitar a mudança, entendendo que, por ser um trabalho gratuito, ela poderia não aceitar pagar esse valor extra de materiais. Enfim, se fosse realizado nos dias de hoje, o trabalho teria sido completamente diferente.

Acontece às vezes de quebrarmos alguma coisa, e confesso que o clima no decorrer do processo fica ruim para toda a equipe, mesmo que a cliente esteja tranquila em relação a isso, afinal, estamos todos sujeitos a pequenos incidentes, porém eu procuro repor tudo e rápido. Até hoje, foram poucos objetos, dá para preencher os dedos de uma mão e talvez mais uns dois dedos da outra, e no geral foram bebidas alcoólicas ou uma taça, uma compoteira de cristal, de forma que, sim, a reposição foi possível.

No entanto, mesmo com os erros pelo caminho, foi um trabalho com vontade de fazer acontecer da melhor maneira possível, dentro das possibilidades e do conhecimento que eu tinha na época. Nos tornamos amigas a ponto de ela vir em uma festa importante do meu filho, o seu Bar Mitzvá, quando o menino, aos seus 13 anos, atinge a maioridade judaica e pode ler o livro sagrado, a Torá. Ela queria muito sentir a energia e a alegria de uma festa judaica, assim como eu adoro no ato de organizar aprender sobre outras culturas e religiões. É sempre interessante e enriquecedor, e evoluímos assim.

Hoje nós nos seguimos pelas redes sociais, curtimos e vibramos uma pela outra, e o mais especial e cuidadoso: ela se preocupava em cozinhar para mim durante o tempo que fiquei cuidando da casa dela. Essa conexão de casa em casa é o que me move a querer cada vez evoluir, expandir, aprender, aprimorar e amar cada vez mais o que eu faço, mesmo que muitas pessoas ainda que não entendam o que é e a importância desse trabalho tão essencial.

Aproveito para descrever outras amizades que ganhei por meio do meu trabalho, ora de outros profissionais, ora de clientes. Uma delas eu faço manutenção uma vez ao ano em sua residência, mas descobrimos que fazemos ginástica na mesma rede de academia e participamos recentemente de um evento do Dia das Mulheres juntas. Já nos encontramos em um show do Fabio Júnior ou em barzinhos por São Paulo.

Outra extremamente querida foi uma mãe da escola do meu filho, a quem fiquei um tempo sem ver, já que a filha dela se formou em outro país, e hoje nossos filhos são adultos. Ela me chamou para montar do zero uma casa de campo que ela adquiriu, desde a compra de todo o enxoval, até baldes, vassouras e afins. Saímos juntamente com o segundo marido dela, que eu não conhecia e que, por fim, ficou encantadíssimo com o trabalho, sempre elogiando. Ela faz questão de me falar isso sempre e me indicar novas clientes.

Por muito tempo, frequentei um salão de beleza onde um dos profissionais era também o dono. Na mudança dele, fui convidada a organizar, mesmo sem ele conhecer meu trabalho. Ele gostou tanto que já me indicou para umas duas ou três clientes. Sempre faço muita questão de agradecer às indicações, afinal de contas, são essenciais no meu trabalho. Ouvi dele a seguinte frase: "Não precisa agradecer, você realmente é muito boa no que faz.".

Tenho seguidoras muito fiéis nas minhas redes sociais desde que comecei a divulgar o meu trabalho por lá, e o engraçado é que elas interagem tanto, nós trocamos tanto carinho, que a impressão que tenho é que já as conheço há tempos, além das telas. Conexões e amizades são o meu combustível para crescer e expandir sempre.

Um dos apelidos que ganhei, e nunca mais esqueci no decorrer desta jornada, foi "arrumadeira sênior". Eu gosto de explicar com muito entusiasmo o que faço. Muitas vezes, nas casas de clientes, trabalha a empregada doméstica que, além da própria cliente, também é responsável por dar continuidade na manutenção do dia a dia do meu trabalho. Consigo estabelecer uma parceria, ensinando maneiras de deixar tudo mais prático. Ela tem a oportunidade de apontar o que não funciona, e eu trago soluções, pois dali a dois dias eu saio, e ela terá que continuar. Certamente a metodologia aplicada trará mais praticidade e facilidade. É lindo ver tudo em ordem, mais ainda para quem manuseia tudo diariamente.

Outra experiência que guardo na minha caixinha interna das inspirações foi quando aprendi que empreender significa fazer boas parcerias, e resolvi contatar uma profissional de empresa de limpeza pós-obra para trocarmos contatos são trabalhos que seguem juntos em um processo de reforma ou numa mudança. É importante ter conexão entre os serviços, senão não faz sentido.

No primeiro contato, ela se mostrou bem firme e não tão empática, mas passado três meses dessa nossa conversa, ela me chamou para organizar a rouparia (ambiente onde são guardadas roupas de cama, mesa e banho) de uma cliente de quem ela estava higienizando a casa como uma forma de presenteá-la e, consequentemente, conhecer ao vivo o meu trabalho. Se a cliente gostasse, eu poderia dar continuidade aos demais ambientes, porém, ela já tinha outra profissional que fazia esse trabalho para ela há tempos. Por fim, ganhei um almoço como forma de pagamento dessa parceria, pão com queijo e suco de laranja, de pé no banheiro que era o ambiente que já estava limpo, e R$ 50, sendo que o estacionamento custou R$ 35. E assim, o meu dia de trabalho, agora já formada, valeu a bagatela de R$ 15.

Eu tinha tudo para desistir, não? Não, falou uma das professoras dos cursos que fiz. É assim que se começa, e foi assim que esta profissional da empresa de limpeza, a Liliane (Lili para mim), se tornou uma grande amiga que me ensinou em pequenos, mas imensos detalhes, como me apresentar corretamente como a empresa que sou, mesmo trabalhando em casas, e não em escritórios. A seriedade neste caso deve ser a mesma ou até maior. Ela se tornou uma grande mentora para mim, hoje em dia já não nos cruzamos tanto em projetos em comum, mas de tempos em tempos nos encontramos para almoçar e regar nossa amizade, que é muito importante para nós duas.

Atualmente, é difícil estarmos sozinhas em uma mudança, por exemplo, existem milhares de prestadores de serviços correndo para cumprir os prazos geralmente atrasados, portanto, ter equipe e materiais identificados são fundamentais. Esse é o motivo pelo qual hoje somos a equipe toda *pink*, uma forte identidade visual da empresa que é 100% feminina. Estamos sempre uniformizadas, e por que não fashions, com algum colar bacana, tênis descolado? Mas, sim, usando propé e camisetas bordadas com o nome da empresa e materiais personalizados. Somos prestadoras de serviço, não visitas. Pequenos detalhes, grandes diferenças. Todo mundo percebe, valoriza e lembra.

Empreender é fechar os olhos e imaginar uma grande escadaria sem fim, e a cada dia, com cada vivência, ir subindo ou descendo um degrau. Muitas vezes, descemos uns dez, o que é bem desanimador. Todavia, se insistirmos, de repente avançamos uns trinta, como no Jogo da Vida, quem se lembra? Assim tem sido comigo. Penso que ainda não alcancei nem a metade das minhas metas e objetivos, então haja escadaria.

Para quem estiver pensando em ingressar na profissão, não se iluda com resultados imediatos; demora bastante para você definir seu nicho de atuação, ganhar confiança e credibilidade a ponto de indicarem o seu trabalho, e a indicação boca a boca é praticamente a alma do negócio. Para isso, o comprometimento deve ser diário. A autonomia financeira faz com que este trabalho valha a pena, e a rentabilidade vai depender do seu comprometimento tanto consigo mesmo quanto com o seu tempo, que é o seu bem mais precioso. Não saia de casa sem saber exatamente quanto você vale, e que concluir em meio período não significa que você precisa cobrar a metade, pois você também poderia levar três dias tendo cobrado um. VALORIZE-SE.

Coloque limites sempre. Aprendi que uma agenda lotada, sem tempo de descanso (o que é extremamente necessário, já que parte do processo é muito mental ou braçal), não significa que você esteja ganhando dinheiro, por isso a precificação é tão importante. É muito fácil para quem está entrando neste mercado descobrir o meu valor e dividir por dois, tão simples. Mas você já parou para pensar que o seu gasto pode ser três vezes maior do que o meu? Quantos cursos de formação você fez, qual o tamanho da sua equipe, qual foi o seu investimento em material de trabalho (mesa, escada, rotuladora/etiquetadora), quanto você gasta de condução para conseguir chegar ao trabalho? Eu, por conta de filhos, só consigo estar ausente por até oito horas, e você talvez consiga se dedicar de uma forma diferente.

Demore o tempo que precisar, mas se dê o valor necessário e merecido que, acreditem, em nada tem a ver com o meu. Podemos ter uma base em comum e isso, sim, é importante, até porque muita coisa muda de região para região. Acreditem, eu, que moro em São Paulo, sei que os valores divergem para muito mais em quase todos os serviços, afinal, é uma das cidades mais caras do Brasil, o centro da economia.

Doar-se para o outro exige tempo, formação, disposição e investimento, pensem nisso antes de se lançar em qualquer profissão. A pressa é inimiga da perfeição, e terão outros profissionais a sua frente com mais experiência de mercado. Vale muito a troca, desde que feita com humildade e respeito pelos caminhos que ele já trilhou e deixou mais fácil para você poder ingressar.

Posso dizer que, quando entrei para este universo, pelo menos aqui no Brasil, o número de profissionais de organização não era enorme como é hoje. A primeira conferência de personal organizer de que participei tinha no máximo trezentos profissionais. No ano seguinte, o número pulou para oitocentos, e pude conhecer pessoas incríveis que muito me ensinaram e das quais hoje sou amiga, e não simplesmente colega. Sei que posso contar com elas e trocar experiências, o que é engrandecedor, entendendo que há espaço para todo mundo que quer fazer um trabalho bem-feito e com seriedade. Uso sempre como exemplo que se no bairro em que moro, onde há em sua maioria pessoas com poder aquisitivo alto para contratar o meu trabalho, que não é barato, eu só atendi umas vinte residências, há espaço para todo mundo.

Vou dividir mais dois momentos incríveis que guardo no lado esquerdo do peito: o primeiro foi um encontro de profissionais de organização do mais alto escalão, daquelas de vinte anos ou mais de experiência, conhecido como Café com POas (a sigla PO refere-se a profissionais de organização e também a poás, a estampa de bolinhas tão feminina, fazendo uma analogia agradável), que aconteceu no Rio de Janeiro e no qual me convidaram para ser mentora de uma das mesas da conferência. Logo eu, que estava somente iniciando. Fui ao evento me bancando, já que era em outro estado, e tremendo de ansiedade. Posso dizer que foi enriquecedor porque a mentoria ficou pequena com tudo o que aprendi e com as profissionais que pude conhecer. Vejo esses investimentos como aprimoramentos ultranecessários da profissão.

Eram umas seis mesas de cinco profissionais e uma mentora. Para cada grupo era dado um caso crítico de organização, e tínhamos que pensar em como faríamos para solucioná-lo. Eram casos difíceis, como acontecem comigo hoje em dia, de entrar em obras inacabadas e ter que organizar no meio da obra mesmo, por causa do prazo estabelecido, ou ter de solucionar problemas de marcenaria que não atendem ao que o cliente precisa, como organizar uma cozinha *kasher* (cozinhas de famílias judaicas onde não se misturam alimentos à base de queijo com os de carne; basicamente, duas cozinhas em uma só, com utensílios panelas, pratos, tudo separado).

A gente sempre pensa que tudo de ruim só acontece conosco, e não é verdade, pudemos ouvir e dividir muitas experiências, e mesmo a novata aqui pôde sair desse encontro muito segura de como lidar com cada adversidade e transformá-la em qualidade de serviço. Entender que o fato de eu estar começando podia trazer a elas um novo olhar inspirador, sem tantas manias e manejos que vamos fixando no nosso método no decorrer dos anos, foi maravilhoso. Troca bem-feita é soma.

Outro momento sensacional foi na casa de uma cliente linda, chique e querida, que tinha um *closet* todo separado por cores, daqueles que eu ficaria horas sentada admirando. Tratei somente com ela desde o início, e já em equipe fomos para lá organizar. Fizemos o *closet* dela e o do marido que, no momento em que estávamos almoçando, chegou muito simpático e foi direto ver nosso trabalho. De repente, ele volta questionando em um tom de voz mais alto: quem havia mexido no *closet* dele. Como responsável pela empresa, levantei a mão com medo, pois previ que viriam críticas, até que ele, sorrindo, falou: "Ficou espetacular, só não sei agora como conseguirei manter!"

Antes, ele havia colocado tudo de forma aleatória dentro do *closet*, sozinho, entendendo que o *closet* da esposa era prioridade em estar lindo por ser feminino e por nós, mulheres, darmos mais valor para isso. Contudo, ele comprovou que não era bem assim, viu tudo padronizado, repensado de forma mais prática dentro do espaço que ele possuía, a etiquetagem o fazendo ganhar tempo na localização, e surgiu aquele famosa interrogação: *como não pensei nisto antes?*

Quase cai dura de tensão e felicidade por entregar um bom trabalho, e nas outras vezes que retornamos lá, ele já foi logo dizendo que podíamos ficar tranquilas, que não assustaria mais a gente. Esse tipo de susto do bem poderia acontecer frequentemente; enriquecem demais nossa profissão, é a certeza de um trabalho bem-feito. Depois, pude rechear o quarto do filho deles quando ela estava grávida e, por meio da indicação dela, conheci outra cliente incrível, amante das artes, mais uma escola para mim.

Toda vez que entrego uma casa nova, deixo flores como forma de trazer boas energias e vida para esse novo lar. Essa cliente, que já fiz há uns quatro anos, faz questão de mostrar a minha orquídea vivíssima e linda. Dessa forma, mantemos a nossa conexão.

ACREDITO QUE NÓS, MULHERES, ESTAMOS GANHANDO MUITO ESPAÇO E ASCENSÃO NO MERCADO DEVIDO À NOSSA CAPACIDADE DE NOS COLOCARMOS NO LUGAR DA OUTRA PESSOA. NO MEU CASO, QUE OFEREÇO UM SERVIÇO DENTRO DA CASA DE ALGUÉM, E NÃO UM PRODUTO, ENTENDO QUE ISSO É FUNDAMENTAL PARA QUE EU TENHA SUCESSO. COMPREENDER O QUE O OUTRO ESPERA DE MIM É PARTE DO MEU TRABALHO, E FAZER O QUE ESTIVER AO MEU ALCANCE PARA ATENDER A TODAS ESSAS EXPECTATIVAS DA MELHOR MANEIRA QUE EU PUDER FARÁ COM QUE EU CRESÇA E, CONSEQUENTEMENTE, TODAS AS PESSOAS QUE DE ALGUMA FORMA ESTÃO ENVOLVIDAS NO PROJETO CRESCERÃO COMIGO.

Meu trabalho não termina na entrega da mudança; muitas vezes, acabo virando uma espécie de consultora para conseguir treinar novos funcionários, dar dicas de lojas de enxovais ou materiais organizadores e por aí vai. O valor do trabalho, que é tão fundamental, não engloba somente o valor monetário, apesar de ele ser o mais impactante inicialmente, afinal, cada um sabe no que pode ou não investir.

O valor real vem da diferença que você faz na vida das pessoas, com erros, às vezes, mas com muita entrega, verdade, respeito, comprometimento, qualidade, tempo, conhecimento e transformação. Eu, na maioria das situações, escuto ao sair das casas que o meu trabalho vale o dobro, e assim sei que entreguei tudo.

CAPÍTULO 3

Arrumar por dentro, começando por fora

Precisamos compreender as verdades por trás das nossas ações para começar a mudar o nosso comportamento.

QUANDO ORGANIZAMOS AS GAVETAS EXTERNAS, ESTAMOS CONCOMITANTEMENTE ORGANIZANDO AS NOSSAS GAVETAS INTERNAS.

Esse é o meu mantra da organização. Acredito que nossa casa é um verdadeiro reflexo do nosso eu; se está tudo em desordem, talvez seja porque a vida esteja assim também. Acabamos nos apropriando de coisas e mais coisas, permitimos que os excessos tomem conta de tudo, ou temos apegos tão desnecessários dos quais, por alguma razão, não conseguimos nos desfazer, e a impressão que dá é que a vida está estagnada. Nosso lar e a energia dele, idem.

Isso é algo que comprovo diariamente nos meus trabalhos de otimização, nos quais tiramos tudo do lugar, revisamos e mudamos as direções, a maneira de dispor, e sentimos ao final aquela sensação de ar novo preenchendo o ambiente. Em mudanças é um pouco diferente, pois encontramos espaços vazios que serão recheados por nós, como um quadro a ser pintado. Vou contar duas histórias de dois clientes que me marcaram e me ensinaram muito.

Fui contratada para organizar o apartamento de um casal de irmãos universitários que moravam juntos em São Paulo para estudar, cada um com o seu quarto, um quarto de TV para ambos, sala e cozinha, onde cozinhavam juntos. Quem me contratou foi a irmã, uma vez que o irmão acumulador crônico já não entrava mais no quarto dele pelo excesso de coisas. Com tudo escuro e fechado, dominado pelos objetos, ele precisava dormir no quarto de TV, impossibilitando o acesso dela lá, e assim foi necessário colocarmos um freio. Até esse momento, eu nunca havia trabalhado em uma situação como essa, pois existe um nicho da organização para acumuladores crônicos, que eu realmente desconhecia até ser contratada para esse caso. Pasmem: a primeira atitude minha foi abrir a janela do quarto escuro e deixar a luz do dia, do sol, entrar. Eu costumo começar todos os meus dias assim, e afirmo que é revigorante.

Depois, com muito cuidado e respeito, fomos separando tudo o que havia ali, categorizando por familiaridades (livros com livros e por temas, cabos todos juntos, materiais de escritório), repensando os espaços, até que ele – que não sabia que iniciaríamos justamente por seu quarto, por se tratar de uma organização da casa toda – chegou de surpresa e invadiu o quarto, com medo estampado no rosto. Ele estava obviamente receoso de que estivéssemos nos desfazendo de seus objetos e jogando tudo fora.

Vale ressaltar que, na minha empresa, por ética, não descartamos nada sem a presença do cliente. Se revisamos e encontramos algo que precisa de reparo ou que pode vir a ser um descarte, por ter a validade excedida ou por estar danificado, furado ou manchado, por exemplo, nós fotografamos e deixamos para análise do cliente, já que é normal que eles não participem do processo como um todo. Sendo assim, também não aceitamos doações nem saímos da residência com doações a serem encaminhadas; nós sugerimos instituições que recolhem na própria casa do cliente e deixamos tudo previamente agendado.

Eu tive que ser firme apesar da insegurança, e aos poucos, com delicadeza, fui mostrando que nada havia sido tirado dali e sim só disposto de forma mais visível, trazendo

UMA DICA IMPORTANTE:

Ao fazer a separação do que é doação, independentemente de para quem vá, já direcione de imediato, nem que você tenha que levar em mãos, pois, uma vez à vista em casa, ainda existe um alto risco de você se arrepender e pegar de volta alguns objetos, ou até todos.

de volta o quarto que era dele. Ele foi observando ao redor e se acalmando, sugerindo praticidades que para ele eram importantes que permanecessem no seu dia a dia, tais como os livros ao lado da mesa de cabeceira e que as roupas de academia, usadas diariamente, ficassem em tal lugar. Assim, nos outros dias, ele sorria quando chegávamos e dizia que podíamos mexer em tudo, que os ambientes estavam liberados, abrindo espaço em paz e mais tranquilo.

Lembrando que existem profissionais de organização especializadas em acumuladores crônicos e que a organização é a última etapa do processo, feita em parceria com profissionais como psicólogos e psiquiatras, tudo com muito cuidado e respeito.

Fim do projeto, irmãos felizes, quarto organizado, iluminado, e os outros ambientes livres para ambos. Quanta energia ficou parada por tanto tempo ali, na escuridão fechada? Excessos nossos de problemas que vamos carregando e transpondo para a nossa casa.

Por isso para mim faz tanto sentido a filosofia oriental de tirar os sapatos ao entrar em casa, e não porque enfrentamos uma pandemia que pegou todo mundo de surpresa e tirávamos pela sujeira e contaminação. Para os orientais, entender que, ao tirarmos os sapatos, que carregaram nas nossas andanças tantos problemas enfrentados naquele dia, nos permitimos entrar em casa livres, sem que a energia ruim entre com a gente no nosso lar, nosso refúgio sagrado.

É como se, ao deixarmos os calçados para fora, deixássemos também nossos problemas, e fechamos a porta para, assim, podermos ser em casa a nossa melhor versão. Recentemente, vi em um quadro uma frase como *deixe a rua para fora*, e acredito muito nisso.

A segunda história me fez parar e pensar se o meu trabalho ali, naquela casa, estava realmente fazendo algum sentido. Foi quando fomos organizar a casa de uma cliente muito querida, empreendedora, mãe, alto-astral, mas que tinha um apego que de início eu respeitei e dispus de forma mais categorizada para ela, ganhando mais espaço no seu guarda-roupas. Porém, após uma grande reforma, ela nos contatou novamente e, ao entrar no mesmo ambiente, percebi que aquelas peças não tinham sido tocadas desde que as havíamos organizado há muito tempo.

Tratava-se de roupas que ela usava antes de se casar. Conforme ela explicou, eram roupas que ela usava em baladas quando começou a namorar o marido e que ele adorava. Mas havemos de convir que, com o tempo, após a gestação, o corpo muda, a silhueta muda, e mesmo que não nos tornemos mães, muda o tempo, a moda, o gosto. Tudo bem guardar uma ou outra peça de recordação de tempos gostosos, mas não três organizadores grandes, ocupando espaços que poderiam estar livres para a energia circular melhor ou simplesmente para colocar peças que fazem mais sentido na sua vida atual.

Mais um caso de energia estagnada sem necessidade. É fato que se não usamos uma peça há mais de dois anos é porque ela não faz falta, não faz mais parte do contexto. A não ser algo muito específico: um casaco para esquiar, vestido de festa, estolas, dentre outros.

Os tais organizadores continuam lá, mas pelo menos identificados e organizados, já fáceis de seguir rumo a uma feliz doação. Confesso que já faz um tempinho que não retorno lá, mas quem sabe ela já se desfez dessas coisas. Como falei, é uma cliente muito querida, moderna, cabeça aberta e adora uma organização, o que facilita bastante. A experiência e a vivência no dia a dia encarregam-se de mostrar como não precisamos de tantas coisas e como podemos ser felizes com pouco e com rotatividade. Closet bom é closet total flex, como brinca a minha filha.

Somos nós que, presos a excessos mentais muito relacionados ao turbilhão de informações que recebemos, fazendo comparações com a grama do vizinho, principalmente em redes sociais quando enaltecemos somente o belo e a vida boa que cada pessoa posta, sem nos darmos conta dos problemas que aquela pessoa carrega, estagnamos a energia da nossa casa, enchendo-a de coisas por um impulso de pertencer. Ao final, se tornam itens supérfluos e desnecessários.

Está tudo correlacionado: se algo incomoda você, comece abrindo a janela do quarto, deixando a luz invadir todo aquele ambiente, isso já é um grande exercício. Quarto escuro assusta e mofa. Podemos fazer uma analogia: se você só se veste de preto, procure colocar uma cor em um par de óculos ou um lenço. Isso muda tudo.

Uma curiosidade minha é que não vou à academia me exercitar vestindo preto, vou sempre com muitas cores e estampas, até de onça – para malhar está liberado. Esse hábito muda tudo, melhora a disposição para tudo. Nada contra um pretinho básico, que é sempre chique e sem erros, mas uma boa dose de cor e luz alegram o nosso dia.

A partir do momento em que as gavetas estiverem organizadas, lhe sobrará muito tempo para ouvir a música que tocava na balada enquanto você namorava o seu marido, e quem sabe vocês dois dancem juntos e livres, sem excessos no caminho. Ou até assistir a um filme daquela época boa, comendo pipoca no sofá, sem excessos de coisas dominando e ocupando espaço.

Como mencionei nos capítulos anteriores, os meus nichos de atuação são mudanças residenciais e corporativas em menor proporção, além do ramo de otimizações de espaços, que é a organização de ambientes onde a pessoa reside. Dentro de mudanças, existe o pré e o pós. Iniciamos com a visita técnica, que em sua maioria sou eu quem faz, pois adoro esse primeiro contato com os meus clientes. A visita técnica é feita, claro, na residência atual do cliente e na residência para onde ele se mudará. Projeto aprovado, podemos intervir com melhorias em marcenarias que ainda estão em execução, então é importante que isso seja feito com uma certa antecedência, para atender todas as necessidades.

Acompanhamos os descartes de todos os itens que não serão necessários no novo endereço. Normalmente, seguimos as diretrizes do cliente quanto a isso ou sugerimos instituições com que temos parceria, e elas retiram na residência sob agendamento, que já deixamos providenciado. Fazemos ainda uma revisão de validades dos produtos de forma que nada vá vencido, ainda deixando para análise final do cliente.

Partimos então para uma fase que eu simplesmente adoro, que são as compras de enxoval e itens de cozinha e área de serviço para a nova residência, uma vez que em sua maioria os tamanhos das camas mudam, então muda-se a rouparia, e o mesmo vale para mesas de copa, jantar e área gourmet. Também trabalho com empresas parceiras e, junto com o cliente, listo os itens a serem providenciados e vamos encomendando e já direcionando a entrega para o endereço novo, economizando até em volume nas empresas de embalagem e transporte. Esse processo de compras também é feito em casa de interior e praia, onde compramos tudo, organizamos e treinamos caseiros e funcionários quanto ao preparo de mesas postas e montagem dos quartos, a fim de que não fiquem com dúvidas.

Acompanhamos a embalagem e transporte juntamente com as empresas, que também podemos sugerir do nosso leque de parcerias, e embalamos lingeries, roupas, maquiagens, bolsas, sapatos, produtos de higiene e rouparia, assim tudo sai mais categorizado para facilitar o nosso recebimento. Também inventariamos as caixas para conferência final.

Recebemos a mudança, desembalamos e vamos organizando com a equipe polivalente metodologicamente formada para realizar o trabalho pelos ambientes de forma a acelerar o processo, uma vez que sabemos que, em sua maioria, as mudanças acontecem com atraso de finalização de obra. Como nos colocamos sempre no lugar do cliente, sabemos do estresse embutido por causa de gastos, prazos, pagamentos de dois condomínios. Aceleramos o processo distribuindo uma equipe maior sem perder nada da qualidade do serviço.

Após a definição dos espaços, podemos ainda encomendar divisórias acrílicas ou acamurçadas e de couro para acessórios como óculos, cintos, bijuterias, maquiagens e faqueiros, jogos americanos em cima das quantidades de acessórios que o cliente possui e medidas das gavetas. Após confecção dos organizadores, voltamos para redirecionar.

Nas otimizações de espaços também costumamos realizar a visita técnica, e muitas vezes acabamos dando alguma consultoria, que pode vir até a substituir o trabalho de organização, por isso é importante podermos ver o ambiente com olhos profissionais.

Fazemos o acompanhamento dos descartes ou, no decorrer do processo, caso o cliente não esteja presente, separamos e fotografamos reparos como sapatos sem o salto, peças descosturadas, manchadas, sem botões, louças lascadas ou com itens faltantes, produtos fora das datas de validades, e deixamos para análise do cliente. Por que esse processo é importante? Porque não adianta eu colocar o seu blazer por cor pendurado bonitinho e na hora que você vai usar, na correria, percebe que não tem um botão. Está aí mais uma diferença entre o arrumar e o organizar. Direcionamos os descartes da mesma forma que mencionei no processo da mudança, seguindo as diretrizes do cliente.

Já trazemos materiais definidos devido à visita técnica (mais um motivo para ela ser tão importante), e o mais legal é que são consignados, ou seja, só vamos usar o que for necessário, evitando que o cliente compre em quantidade errada e perca dinheiro. Organizamos os espaços dividindo a equipe por ambientes; podemos etiquetar para facilitar a primeira localização, e fotografamos até para localizarmos algo que o cliente não esteja encontrando por causa do redirecionamento de lugar.

Faríamos inventário de louceiros quando há muitos eventos de jantares e muitos jogos de louças, taças específicas, taças decorativas, rouparia de mesa e prataria. Etiquetamos e montamos álbuns de possibilidade e referências, facilitando a escolha dos jogos pela quantidade de convidados e montagem do serviço pelos funcionários da casa. Montamos rotinas diárias de organização e manutenção da casa, afinal, vamos embora e tudo tem que fluir com treinamento para as funcionárias ou mesmo para o cliente.

Pós-mudança ou pós-serviço de organização, se a cliente engravida, nós vamos organizar a chegada desse bebê com muito carinho, auxiliando na pré-lavagem das peças e daí partimos para organizar as roupinhas, separando por numerações, que são muitas. São pequenas facilidades na hora da troca que facilitam muito, e, por ser mãe, sei que dicas preciosas merecem ser compartilhadas. Montamos a cômoda, o armário, banheiro e já deixamos a mala de maternidade com os kits montados, pois sabemos que muitas vezes a correria exige que tudo já esteja na porta.

Organizamos também depósitos de garagens ou almoxarifados de modo a não intervir no andamento da casa ou da empresa. Categorizando tudo, etiquetando o que normalmente não é usado sempre e deixando os objetos mais utilizados disponíveis de forma prática e circular para que todos possam acessar com facilidade. Sem contar a forma de embalagem ou armazenamento, que é importante para evitar a deterioração, já que depósitos tendem a ser ambientes escuros, úmidos e sem tanta circulação de ar.

Um nicho e tantas possibilidades para você usufruir de uma vida organizada, fora as outras ramificações em que não atuo, mas que existem e você verá adiante. Ajuda você já tem, só precisar criar coragem, contatar e contratar.

ORGANIZAR NÃO É FÁCIL. NUNCA FOI. PORQUE NÃO SE TRATA APENAS DE DOBRAR ROUPAS, EMPILHAR CAIXAS OU ETIQUETAR POTES. ORGANIZAR É MEXER COM MEMÓRIAS, COM CAMADAS DE QUEM SOMOS E DE QUEM FOMOS. É SE DEPARAR COM A DIFICULDADE DE ABRIR MÃO, COM O MEDO DO VAZIO E COM A RESISTÊNCIA À MUDANÇA.

Repito: organizar pode ser difícil, sim. Mas viver estagnado entre excessos também é. Vamos começar por fora até nos arrumar por dentro. Você vai perceber que, ao dar espaço à casa, damos também espaço à vida.

CAPÍTULO 4

Uma gaveta de cada vez

A boa notícia é que, se você chegou até aqui, posso lhe garantir que tem luz no fim do túnel – ou no fundo da gaveta.

Muito do estresse que vivemos no cotidiano está ligado com a nossa bagunça, o caos que nós mesmos criamos e com o qual ficamos sem saber como lidar. A organização, apesar de parecer maçante e chata, é o caminho para uma vida mais livre dessas amarras, mas eu preciso que você me ajude e se ajude para sairmos do túnel com sucesso e chegar à claridade.

Eu não sou contra o consumo, entendo que só de abrir o olho e pegarmos o celular já estamos automaticamente consumindo, porém acredito que podemos viver uma vida sem excessos, sem aquela sensação de que as coisas, roupas, sapatos, livros, utensílios de cozinha e memorabílias nos dominam. Se você sente uma gigante exaustão, levante a espada e repita para si mesmo: *eu mando aqui, este é meu espaço, e os objetos estão aqui para me servir e me auxiliar, não para tomar conta de mim e da minha casa.*

Feito isso, comece escolhendo um ambiente na sua casa ou trabalho e vá observando se tudo o que está ali é realmente necessário. Não precisa fazer isso com pressa, não é uma competição de corrida e sim uma forma de fazer você se conscientizar e, por conseguinte, ganhar mais tempo. Não mude de ambiente até finalizar o que começou e, posteriormente, no momento da organização, idem. Dessa forma, escolha aquele lugar de que você mais gosta na casa, assim fica mais prazeroso ir dando continuidade.

Outro mantra comprovado da organização é que menos é mais, até nas relações, acredite! Precisamos sempre fazer este descarte, esta limpeza, e isso cada um vai determinar quando e a constância. Eu, por exemplo, criei um hábito de fazê-lo no início de cada novo ano como forma de reenergização, e outra vez no meio do ano para volumes grandes. Além disso, diariamente vou tirando objetos de que não necessito mais, ora para vendas, ora para doações, ora para o lixo.

Na minha casa tem funcionado bem, até porque, com a cumplicidade que criamos na família, tenho autonomia de rever as coisas de todos. No começo de 2025, quando fiz o descarte, não mostrei para ninguém, pois queria fazer um laboratório próprio e ver se sentiriam falta dos itens. Acredite, eles não sentiram a ausência deles por semanas, daí sim contei que tirei determinados objetos de cada um e eles deram total aval à limpeza realizada.

Outro hábito que incorporei na minha casa é que, quando entra algo novo, outro mais antigo sai, cedendo lugar. Isso faz com que a organização e principalmente a visibilidade se mantenham porque, no final de contas, o que não vemos, não usamos. E não é fácil para mim, que já tenho este hábito do descarte, às vezes me pego pensando se ainda tenho o que descartar. Sempre temos, mesmo com dor no coração encontramos algo de que nos livrar, mas aprendemos assim a nos conscientizar em uma próxima compra e repensar se determinado objeto realmente é necessário.

Uma forma dinâmica de descarte é reunir um grupo de amigas e fazer isso juntas. Eu tenho um grupo de quarenta anos de amizade, estudamos juntas e somos unidas e próximas até hoje. A ideia é que cada uma traga sete peças que por algum motivo não esteja usando. Incluímos comidinhas e vinho para ficar um momento ainda mais gostoso. Cada uma expõe em araras, cadeiras ou cesto o que trouxe, e uma de cada vez vamos até a "lojinha" pegar algo novo. O que não for escolhido por ninguém e sobrar, em consenso, escolhemos uma instituição e fazemos a doação. Tem forma mais suave e deliciosa do que esta para descartar? Cada uma levou sete peças e escolheu uma nova, com direito a muita intimidade, diversão e espaço no guarda-roupas. Se todas cozinham ou leem, pode virar uma brincadeira envolvendo utensílios, livros, bijuterias e por aí vai.

Também aprendi a comprar on-line, o que faz com que eu direcione mais meu consumo, pois muitas vezes somos levados a consumir por impulso por conta de opiniões de vendedores, da família ou de amigas, que, para mim é pior, pois apesar de ser divertidíssimo, é certo que compraremos em excesso. Se perguntou: “Ficou linda em você essa sandália, eu levaria as três cores, sim ou não?” Dito e feito, nós acabamos levando. Nesse sentido, fazer compras com as amigas pode ser perigoso. Muita calma nessa hora.

Dica: se você não quer consumir tanto sem necessidade, vá ao shopping ou ao mercado com alguém que tenha o dom do breque. Tenha, ao invés de vários cartões de crédito, com diversos vencimentos, um só. Quando temos que esperar a virada dele, é quase como esperar a virada do ano, a compra ganha outro significado. Cuidado também com os parcelamentos, afinal somos hipnotizados pelo “em até 12 vezes” e nos deixamos levar e gastar. A sensação que vem depois é que as parcelas nunca acabam, esquecemos delas até que vamos gastando mais, e tudo isso pode virar uma triste bola de neve gigante.

Soluções vendidas para eliminar nossos medos também fazem com que a gente consuma sem pensar, e eu estou aqui para ajudar você a entender isso de forma clara e objetiva. Então vamos lá para outra história: cliente mais do que querida saindo de uma casa e indo para um apartamento novo, onde o prédio oferecia tantas coisas que o vigésimo andar parece o trigésimo, pois antes tem a academia, lavanderia, mercadinho e por aí vai.

Ela detesta pernilongos (quem gosta?), principalmente na hora de dormir com aquela sinfonia que eles fazem e que na calada da noite só se potencializa. Sendo assim, enquanto ela morava na casa onde havia propensão a ter pernilongos, ela comprou inúmeros produtos para afastá-los. Parte da mudança contava com içamentos que não puderam ser feitos no dia programado devido ao vento que fazia ali, naquela altura toda. Enquanto isso, eu acompanhava a embalagem, e cada vez ela me mostrava uma raquete daquelas que matam os insetos, até que no decorrer da organização encontramos muitas, muitas mesmo, e que estavam desnecessariamente ocupando um grande espaço na área de serviço. Fiquei pensando e falei para ela, com humor, lógico: “Pelo vento que bate aqui nas alturas, duvido que qualquer pernilongo se atreva a subir até aqui. Será que é necessário tudo isso?” Rimos muito, descartamos várias e até pedi permissão para fazer um vídeo explicando sobre isso.

Sempre com muita leveza e respeito, nós, profissionais que estamos de fora, podemos e devemos auxiliar neste processo que não é fácil, e que muitas vezes é imperceptível no ato da compra. Em um ambiente em desordem, não encontramos nada e compramos mais e mais. Somente quando juntamos tudo no que eu chamo de categorização é que vemos tanto desperdício.

E eu não estou falando de pernilongos, mas de exageros em despensas, produtos de banheiro, produtos de limpeza que ficam muitas vezes todos abertos, maquiagens que em sua maioria não tem a validade tão explícita – eu mesma vou pelo aspecto, textura e cheiro –, brinquedos, roupas, sapatos e por aí vai, objetos em demasia dominando nossa casa, nossa vida e o nosso bolso.

Certo dia, fiz uma organização no closet de uma cliente muito elegante e muito contida, e algo me chamou atenção. Eram nove horas da manhã, e ela saiu linda do quarto, toda produzida para ir trabalhar. Eu, que sou muito ligada em moda, fiquei ainda mais impressionada quando me deparei com o armário dela extremamente enxuto: quatro jaquetas, três jeans, seis calças, seis saias, oito camisetas, algo mais ou menos assim. Um verdadeiro sonho para mim, porque dá para variar em cima dessa quantidade sem perder a elegância, repetindo quantas vezes forem necessárias, mas com versatilidade e sem excesso de roupas.

Essa mesma ideia pode ser aplicar em uma mala de viagem. Aproveito para colocar algumas dicas ao fazer a mala: vale muito a pena investir em um conjunto de organizadores que categorizam as peças e compactam espaço e até ajudam no caso de o hotel não ter tantas gavetas. Faz muita diferença a quantidade de peças. Pesquisando a estação, podemos incrementar com acessórios como colares e pashminas, criando em cima das mesmas bases outras propostas. Tendo programado uma viagem de férias, o importante é curtir e conhecer lugares lindos, em vez de ficar perdendo tempo escolhendo o que vestir. No caso da cliente com o guarda-roupa enxuto, fui realizar o meu trabalho ali, mas saí com uma aula, enfatizando e potencializando ainda mais o que realmente acredito.

Aproveitando o gancho das gavetas de hotéis, quando se trata da nossa casa, uma boa dica de organização para elas é não fazer pilhas, e sim dispor as peças em degraus, facilitando a visualização completa. Use organizadores transparentes para categorizá-las. Lembre-se de medir os organizadores para ter certeza de que eles cabem nas suas gavetas e atendem à sua necessidade, sem se deixar levar por opiniões que não sejam de profissionais. Falo isso porque já cheguei a muitas casas onde a cliente acabou comprando aleatoriamente, não serviu e já havia passado o prazo de troca. Ou seja, dinheiro jogado fora.

Estabeleça uma gaveta (dependendo do espaço que você possui) para itens semelhantes como pijamas juntos, roupas de academia juntas e por aí vai. Pense em uma cômoda cheia de gavetas que quando você abre uma cai tudo para fora. É desesperador, não é? Agora, pense na mesma cômoda toda organizada e setorizada, com espaços de sobra já que, sim, existem muitas dobras que não são tão desafiadoras e nos ajudam a compactar tudo.

Quando você tem cinco gavetas, procure colocar nas primeiras o que é mais usado. Em um closet feminino, costumo fazer assim: primeira gaveta de lingeries; segunda de sutiãs com bojo, que preferimos dispor abertos para que não amassem; terceira de meias e cintas ou roupas de academia, quando as meias podem ser colocadas juntamente com as calcinhas, o que depende da largura e profundidade da gaveta; e por último pijamas e camisolas ou pashminas e lenços, varia muito de cada casa e dos pertences que cada cliente tem, e se ela os prefere dobrados ou pendurados.

Já em uma cômoda ou gaveteiro de bebê, existe uma lógica que gosto de usar, levando em conta a minha experiência materna. Nas duas primeiras gavetas (e normalmente menores) costumo deixar uma para puericultura (produtos para a troca, como pomadas, algodão e fraldas) e outra para chupetas com prendedor, alicate, escova, pentes, vitaminas, termômetro, bolsa de água quente etc. Na gaveta ao lado, fraldinhas de ombro e boca, meias, luvinhas, babadores, lacinhos.

Logo abaixo, costumam ter duas ou três gavetas normalmente mais largas. É importante respeitar os meses, então, de início, lave somente as roupas que serão usadas até os três meses de vida do bebê, pois tudo tem que ser muito rápido e prático. Deixem abertos os botões de *bodies* e os macacões nas perninhas, facilitando assim na troca, que é rápida, devido ao frio e ao bebê se mexer no trocador. Na última gaveta, roupas de passeio ou até rouparia como toalhas e toalhas fraldas.

Já nas gavetas da cozinha, buscamos dispor na primeira os utensílios mais utilizados diariamente, lembrando de seguir a predileção do cliente, que pode preferir um porta-utensílio de pia ou a barra metálica com ganchos para pendurá-los. Na segunda gaveta, deixamos suporte de panelas, ralador, peneiras, luvas e os papéis de cozinha já em uso (que também podem estar em um organizador fixado na parede mais a mão, caso o cliente prefira). Na última gaveta, os panos de prato.

Mas nada disso é regra, e sim uma direção para você, com alterações totalmente possíveis, cabíveis e compreensíveis. Por mais que eu tente me colocar no lugar de dona de casa, muitas vezes para quem cozinha, por exemplo, que não é o meu caso, possa haver outra maneira mais prática de organização do que a que pensei. A cada organização vamos aprendendo e abrindo o nosso leque de possibilidades e sugestões em projetos posteriores.

Nesta organização de gavetas de qualquer cômodo, faça um desafio com você mesmo ou com todos da casa, tirando por mês um objeto de cada gaveta que já não esteja sendo usado. Por fim, quem descartar mais objetos tem o direito de escolher o restaurante no domingo, o sabor do bolo da semana, a série a que assistirão juntos. Se isso fizer sentido, com prazer, alegria e o envolvimento de todos, fica mais fácil.

Agora, tendo tempo de sobra em uma casa que está fluindo graças a liberação de energia, que tal se presentear usando peças que estavam paradas só esperando aquela visita, que nunca temos tempo de convidar pelo nosso corre-corre diário ou por preguiça mesmo?

Nesse aspecto, o confinamento da covid-19 mudou meu prisma. Eu, que sempre organizo a casa dos outros, vira e mexe me deparo com objetos, peças muito interessantes, incluindo peças de arte, coisa que eu amo. Tenho em casa uma coleção de xícaras de borboletas, que são de uma delicadeza ímpar, adquirida em uma conhecida loja de presentes e utensílios para o lar e que, sim, sempre vejo nas casas que organizo, a Tânia Bulhões. Em determinado momento, me presenteei, mas não deixava ninguém usar por decreto. Eu gosto de receber quando me proponho a fazê-lo, mas não é sempre, ou seja, xícaras pegando pó e estagnando energia em casa de organizer, desmerecendo o meu propósito, o que não combinava comigo. Até que começou a pandemia.

Mais tempo em casa observando tudo, mudando as coisas de lugar que, aliás, também é um exercício bem bacana, afinal, quem disse que um sofá tem que sempre estar na mesma posição? Experimente mudar, você vai se deparar com outra sala sem ter comprado absolutamente nada. Esse é mais um desafio bacana de se fazer em casa com todo mundo e pode surpreender até trocando os móveis e objetos de um quarto para o outro.

Decidi, então, tirar as xícaras do armário, e decorei o meu cantinho do café, amo fazer esses cantinhos nas casas que eu organizo, sensação de lar gigante. Acredito que meu marido não é o cara mais cuidadoso com as xícaras de borboletas, mas faz questão de sempre usá-las, e tudo bem, porque se não é para nos fazer felizes dentro da nossa própria casa, nos acolhendo, cuidando e nos mimando, a organização então não vale a pena.

Portanto, tire os presentes de casamento que estavam há anos nos armários, caixas de papelão não têm respiro e trazem traças e, no meu trabalho, já me deparei com caixas lacradas de lojas que já nem existem mais. Eu mesma doei minhas pratarias, pois mesmo achando lindas, já não se encaixavam no meu cotidiano. Por sua vez, as xícaras de borboletas alegram o meu dia e consequentemente o meu lar. Usem tudo e sejam felizes com vocês sempre, se presenteiem, vale muito a pena nesse processo. Em casa organizada, temos tempo de sobra para usar e paquerar todos os nossos objetos.

Não guarde suas melhores coisas no fundo do armário a ponto de esquecer que elas existem. Se você parar para pensar, talvez as pessoas mais importantes da sua vida morem com você. Abrace-as através do bem-estar em casa.

Seguindo o conceito de não ter excesso, quero dar algumas dicas de quantidades por ambientes: para uma rouparia (jogos de lençóis e toalhas), normalmente faz-se trocas semanais e, às vezes, troca-se as toalhas duas vezes na semana, então quatro jogos por cada integrante da casa é mais do que suficiente. Eu apostaria no branco pela lavagem, e costumo sugerir identificar com bordados as iniciais de cada um. Aqui em casa, comprei de uma qualidade superior para durar, e faço a lavagem dos lençóis em lavanderia, para não comprometer o meu espaço, já que a área de serviço é pequena, e a disponibilidade da minha funcionária também, já que ela vem somente três vezes na semana. Para as toalhas permanecerem fofinhas, vale a substituição do amaciante pelo vinagre de álcool na hora da lavagem, e a finalização da secagem na secadora, caso você tenha uma.

Quando me casei, recebi o enxoval inteiro de presente da minha avó, e eu amo produzir camas, daí comprei sem noção nenhuma muitos jogos com edredons combinando, mas que não ornavam com os outros jogos. Acabei totalmente presa em um volume completamente desnecessário de roupas de cama. Com a chegada dos filhos, tive que me desfazer por conta do espaço.

Edredons são vendidos hoje como enchimentos, um para o verão e outro para o inverno, brancos de qualidades ímpares, conforme o gosto e o bolso, e assim você envolve com o duvet, ou capa de edredom, podendo mesclar em cores com os seus jogos de lençóis sem fazer volumes absurdos nos seus armários.

Com o auxílio de uma profissional de organização, você pode montar um enxoval lindo e compacto, onde tudo casa com tudo, e investir em peças que darão o toque decorativo sem ocupar espaço, como peseiras que combinam com todos os jogos, capas de almofadas e um borrifador com um cheirinho bem gostoso. Essa quantidade de quatro por integrante permite que você use um enquanto o outro está lavando, e ainda tem a flexibilidade de ter dois de reserva, caso algum incidente ocorra. No meu caso, de o meu cachorro de repente subir na cama e sujar. Mais do que isso é exagero.

Maquiagens são um ponto de atenção. Apesar de acharmos que normalmente são itens pequenos e que não ocupam tanto espaço, nos enganamos quando somos expostos a oferta que esses artigos ganharam no mercado. São inúmeras marcas, opções, lojas que nos enchem os olhos e nos fazem consumir deliberadamente e, se somados aos produtos de cuidados com o rosto, as chances de perdemos a mão é alta. Eu aconselho ter poucas quantidades de itens que realmente serão usados nos cuidados do seu dia a dia. Um bom hidratante facial, um sabonete de limpeza, um primer, uma base ou duas que podem se misturar para dar um tom mais harmônico, um corretivo, talvez duas tonalidades de blush (tem até aqueles que são líquidos e servem de batom também), uma ou duas máscaras de cílios, um delineador, um iluminador, dois batons ou gloss, um ou dois lápis de olho, uma paleta de sombras, um jogo de pincéis, apontador de lápis e só.

Às amantes de pincéis, uma dica importante é higienizá-los pelo menos a cada dez dias, mesmo que seja somente você quem usa. Pense em uma base cremosa; se você não lavar, pó e ácaros vão colar ali, e você vai passar direto na pele. Coloque em um recipiente, pode ser até um copo de requeijão com água, duas gotas de shampoo neutro e uma gota de condicionador. Hastes de madeira não combinam com água, então o ideal é ter cuidado para não molhar e, depois de passar por um jato de água para tirar o excesso, deixar secar primeiramente na horizontal, de forma que a água não escorra. Existem aqueles tapetinhos de silicone próprios para limpar pincéis que são ótimos nesse processo. Demaquilantes também podem ser usados, mas custam caro para esse tipo de higienização mais frequente.

Monte uma necessaire que apelidei de "circulante", assim você a leva para viagens, para o trabalho e academia. Facilita demais; viajou, leva, e na volta só retorna no lugar sem precisar ficar desfazendo-a sempre. Para remédios e protetores solares, idem. Uma coisa que me perguntam bastante é sobre deixar ou não esses itens nos banheiros. Para mim, não existe regra: caso você não tenha outro lugar para deixar, pode colocá-los, sim, o que é importante frisar é que no banheiro há muita oscilação de temperatura entre quente (vapor) e frio, além de serem úmidos, o que pode danificar as embalagens dos produtos ou até agilizar o desgaste, mesmo ainda estando na validade. Assim, as necessaires circulantes ajudam demais.

Para facilitar o meu dia a dia e até a minha paciência, já que acordo cedo e o meu tempo é curto, pedi a minha dermatologista que formulasse apenas dois cremes, um para o dia e outro para a noite, com tudo misturado, evitando assim grandes quantidades sob a pia, já que eu prefiro uma pia livre. Menos gastos com tantos produtos e mais agilidade.

Para produtos de banheiro, vale criar um estoque pequeno daquilo que é usado com frequência, por exemplo, algodão, pasta de dentes, papel higiênico, shampoo e condicionador, sabonete, fio dental, enxaguante bucal etc. Cuidado somente com muitas opções que acabam sendo todas usadas de uma vez, podendo perder a validade antes do término.

Outra coisa a que peço para ficar atento são com as famosas amostras grátis. Só de pensar no grátis nossa mente automaticamente já bombardeia, forçando-nos a pegar, mas será que realmente é necessário? Para viagens de curta distância, sim, até pelo peso e volumes permitidos nos aeroportos, porém me deparo com muitos acúmulos ocupando um baita espaço, ora em prateleiras, ora em gabinetes que poderiam ter seus espaços mais bem utilizados.

O mesmo com produtos de despensa e área de serviço: não recomendo grandes estocagens em depósitos, por exemplo, se você não tiver quem faça um controle certo disso. No geral, vejo coisas compradas em excesso pela preguiça de descer e buscar na garagem. E lançamentos que você vai testar, cuidado, comece por um. Promoções em mercados costumam ser bem inimigas, e pelo valor acabamos levando cinco pacotes de arroz, seis de açúcar, dez de farinha e por aí vai. Quando, durante o processo da organização, questiono se as refeições são feitas em sua maioria em casa justamente pelas quantidades, a resposta imediata é que não; ou seja, é um acúmulo desnecessário. Outra dica que dou é para não comprar produtos que vêm seis de uma vez em um único pacote, porque a tendência é abrirmos todos de uma só vez e ocuparmos espaço. *Ah, mas estava baratinho*. Sim, em sua maioria o barato sai caro.

Louças enchem os olhos, portanto cuidado com excessos e pesos e sobrecargas nos armários. A quantidade ideal varia de acordo com a frequência que você realiza as refeições em casa e quantos pessoas comem normalmente. Eu sugiro um jogo branco de uso diário, com xícaras e taças de sobremesa, um ou dois jogos de jantar mais chiques que podem até se complementar, e eventualmente um sousplat que harmonize com ambos. Frisos metálicos não são recomendados a quem costuma lavar as louças na lava-louça. Para bebidas, um jogo de copos e uma jarra para uso diário são essenciais, assim como meia dúzia de taças específicas para o que realmente você bebe ou para uma eventual visita, como vinhos, espumantes (sendo que hoje já estão servindo espumantes em taças de vinhos branco), cerveja, whisky e gim. Podendo incluir, um decanter, abridores específicos e balde de gelo. Um conjunto de bowls de preparo, um escorredor de arroz, macarrão, peneira, oito panos de prato, um jogo de talheres, e lembrando que a prataria requer cuidado. Jogos americanos que sejam fáceis de limpar ou lavar. Sugiro potes herméticos para que os mantimentos abertos fiquem sempre conservados e à mão de quem vai cozinhar.

Saleiro no armário não funciona, pois enferruja partes de inox; deixe sob a pia. Temperos só os que realmente são consumidos, e lembre-se de não usar clips nos saquinhos, porque há maior chance de entrarem bichos e vazar, podendo misturar com outros alimentos. Sugiro fazer uma seleção bem criteriosa de garrafinhas, copinhos e pratos das crianças, pois muitas vezes eles já são adultos e você ainda está acumulando coisas desnecessárias. Para as garrafinhas, higienize com água fervida e detergente.

Partindo para os armários, pode parecer exagero, mas recomendo deixar pelo menos uns cinco centímetros de distância de cabide para cabide em um varão. Eu mesma deixo até uns dez centímetros, assim minha visibilidade é total, sei que a probabilidade de minhas roupas mofarem é bem menor com a circulação de ar, e também dá mais leveza, suspiro e paz, com nada me dominando. Se quero comprar algo novo, compro e me livro de algo em troca, como já contei para você.

Para me comprometer com essa meta de entra um e sai um, aderi ao "não compre mais cabides", porque tendemos a apertar e apertar até o varão abaular, o que vejo sempre nas residências que organizo. Nesses casos, oriento reforçar o varão, mas não é a solução de quem está querendo uma vida organizada ficar tapando esses buracos com soluções que não resolvem o problema, e você volta ao início do jogo. Organização está na moda porque é necessária, portanto, existem inúmeros organizadores, cabides, caixas e colmeias muito atrativas para começar o trabalho, porém, sem ajuda profissional, podem ser mais excessos dentro da sua casa já acumulada e dominada por coisas.

Os cabides de veludo ou acamurçados são excelentes e super recomendo para quem tem pouco varão, um varão mais estreito, ou para quem tem muitas roupas de seda que escorregam. A camurça acaba criando atrito, evitando o desconforto da roupa ficar deslizando quando a manuseamos. Para peças pesadas como casacos de couro, casacos de inverno, trenchcoat, vestidos de festa muito bordados e pesados, não use cabides estreitos; opte pelos reforçados.

Os cabides acamurçados também soltam pelinhos, então, antes de usá-los, recomendo passar um pano umedecido com álcool e deixar secar. As cores são atrativas, no entanto, se você optar por um tom roxo, por exemplo, terá dificuldade de conseguir mais cabides na mesma tonalidade, por isso opte pelos tons neutros: preto, cinza e bege.

Há variações dos cabides de veludo para saias, com presilhas, e para casacos, com ombros ou ombreiras, que você compra à parte e encaixa. E ainda tem os infantis que você pode usar para pendurar calças jeans quando em tamanhos pequenos como do 34 ao 40, e assim ganhar espaço embaixo do varão e usá-lo para colocar sapatos.

Parece simples, para que ficar quebrando a cabeça, cabide não serve só para pendurar? Então qualquer cabide serve. Não é bem assim, existem peças delicadas que exigem carinho para que tenham vida longa, por isso há cabides ideais e acessórios para cada modelo. Existem ainda peças que nunca recomendamos que sejam penduradas, como um vestido de tricô regata, porque vai ceder até a alça puir ou, pior, arrebentar.

Se você já tem cabides de madeira, não precisa substituir todos pelo de veludo somente porque você viu na casa da amiga e achou lindo. Os cabides de madeira, a meu ver, são os de maior durabilidade e contam com uma gama de acessórios, sem falar na possibilidade de você conseguir personalizar com suas iniciais; há quem os faça e fica muito chique.

Cabides de acrílico transparentes são excelentes, você pode padronizar a casa toda com eles, usando nos armários de todo mundo e são extremamente fáceis de encontrar no mercado. Lembrando que há preguiçosos de plantão, e não são poucos, que simplesmente puxam a peça do cabide, e nesse caso os mais delicados e estreitos podem quebrar ou entortar com mais frequência. Os cabides emborrachados são uma opção, contudo, sinto que no decorrer do uso vão ficando pegajosos e grudentos, não consegui me adaptar bem.

É recomendável fazer uma contagem das peças de roupa que serão penduradas para não comprar em falta ou a mais. Recomendo sempre ter uns 10% de estoque, e costumo ensinar aos meus clientes e aos funcionários responsáveis pela passadoria que deixem o cabide livre no mesmo lugar no varão, assim, quando subir a roupa passada, você saberá exatamente o lugar que ela ocupava, sem começar a desordem, e mantendo a roupa intacta para não amassar na troca ou manuseio. No começo, pode parecer um rodízio confuso, mas é só pegar o jeitinho, e tudo ficará sempre organizado.

Cabides de lavanderia (os de arame, jamais, mas os plásticos) são excelentes para pendurar roupas ainda úmidas nos varais, os acamurçados, neste caso, não dão certo. Não recomendo os cabides de arame, por serem muito frágeis e maleáveis. Em roupas de malha, principalmente, podem fazer mini ombreiras que não desfazem mais, 100% comprovado por mim. Pode colocar de molho e tudo mais, não voltam.

Caixas organizadoras são ótimas e lindas, mas precisam de respiro, senão, com o tempo, estragam as peças, deixando-as amareladas e emboloradas. Eu recomendo sempre colocar um ou dois saquinhos de sílica dentro e identificá-las, caso não tenham visor. Meça as caixas antes de comprar ou encomendar para que se adaptem bem ao espaço que você tem e ao que você precisa.

Vestidos de festas muito específicas, com muitos bordados, pedrarias, plumas e peso, não são recomendáveis para serem pendurados em varões, até para não ficarem enroscando em outras peças. Esses, sim, até pelo pouco uso, sugiro serem embalados em papéis de seda e armazenados em caixas, ou melhor ainda: em organizadores com visor e respiro.

Brinquedotecas são assunto à parte, lembrando que eu já tive filhos pequenos e que, na minha época de brincar, o dólar era R$ 1,50. Quem, como eu, tinha a oportunidade de viajar, trazia muitos presentes na viagem. Sugestão para os presentes: primeiramente, estipule as datas de se ganhar um presente novo, duas ou três no ano. Avós muitas vezes não conseguimos driblar, principalmente com os primogênitos, mas um fato comprovado por mim com os meus filhos é que, se eu dava tudo de uma vez, a alegria durava cinco minutos, e tudo perdia a graça fácil e rapidamente. Experimente ir trocando semanalmente os brinquedos, combinando com as crianças, e aí entra a organização também do brincar e devolver, estimulando o hábito desde pequenos.

Invista em organizadores fáceis de eles terem acesso e visibilidade. Uma vez, fui em uma casa onde a brinquedoteca tinha uma estampa e todas as caixas dispostas no alto do móvel eram de madeira, pesadas e forradas com estampas, fazendo uma composição linda de se ver, mas ninguém sabia o que havia dentro delas; não havia visores, nada, e como uma criança de cinco anos teria acesso a tais brinquedos? Outra vez, uma pessoa sugeriu a uma cliente colocar as peças de LEGO em tubos de acrílico? Para quem BRINCAR?

De novo: brinquedoteca é um lugar para a criança brincar e não disputar a sala com os pais, e quanto mais fácil e mais acessível, melhor a brincadeira e menor a probabilidade de ficarem nos requisitando o tempo todo. Invistam em caixas plásticas transparentes com trava quando forem muito pequenos ou quando quiser evitar desastres com tintas e materiais de pinturas. Use desenhos como identificadores para os não leitores, assim como organizadores leves e fáceis de carregar. Deixe as mesas de desenho ou lição na altura ideal para as crianças.

Incentive-as a doar o que estiver em bom estado, com a ideia de que, com isso, vão ganhar brinquedos novos. Se possível, os levem às instituições para entregar e brincar com as crianças que vão recebê-los. Eu fiz isso com a minha filha quando ela era pequena, até por uma lição, pois ela havia pegado da carteira do meu marido uma nota de R$ 100,00 que um amigo tinha, e ela, não, então achou interessante. Daí, com esse valor e mais tudo o que havia na sua caixinha, fomos a uma loja de materiais escolares e criamos kits de desenho e pintura, embalamos juntas e fomos entregar para doação. As outras crianças se apresentaram para ela, cantaram e desenharam juntas, e posso afirmar que, hoje, com 21 anos, ela se lembra desse momento com muito amor e sabe desde então que doar não é tão doloroso, muito pelo contrário, é gratificante.

Atenção máxima aos depósitos de garagem, não é porque estão no escuro que devem conter tudo o que há de mais secreto e nunca é usado. Esse espaço, se bem aproveitado, é um grande aliado. Use-o para comportar malas, enfeites de festas temáticas que são usados uma única vez no ano (identifique-os em containers plásticos), assim como trabalhos e lembranças escolares. Serve também para guardar os artigos esportivos quando você usa na academia, por ficar mais próximo ao carro. Invista em etiquetas que direcionem ao que tem dentro de cada caixa e uma porta que abra tranquilamente com circulação ali dentro. Eu sempre brinco quando vou fazer organizações em depósitos que não abrem, entulhados de coisas, que ao final, farei uma apresentação de valsa dentro, e isso depende muito da disponibilidade e entrega do cliente.

É PRECISO CRIAR UM ECOSSISTEMA HARMÔNICO QUE FUNCIONE NA SUA CASA, QUE LHE TRAGA PAZ E PRAZER E QUE SERÁ DIFERENTE DO QUE FAÇO NA MINHA CASA OU NAS CASAS DE OUTRAS CLIENTES MINHAS. CADA CASA É UMA CASA, CADA PROJETO É MUITO INDIVIDUAL E PERSONALIZADO.

Essa mistura de ecossistema que são vários seres vivos ou não dividindo o mesmo espaço e interagindo entre si com harmonia, ou seja, concordância, ordem, simetria e paz, faz todo o sentido. É isso que precisamos ter para um bom convívio familiar, e somente uma boa organização proporciona isso.

Por isso a importância de iniciarmos com uma visita técnica; quando eu vou até a sua casa, nós nos conhecemos pessoalmente, eu ouço as suas dores em relação à desordem ou ao que não está fluindo, conheço ao vivo e em cores os espaços que serão organizados e assim já posso até dar soluções que muitas vezes nem requerem um trabalho de organização profissional completo, e sim uma consultoria. Posso fazer também a medição e, quando for organizar, já trazer materiais adequados e funcionais, deixando você mais tranquilo com quem vai mexer nas suas coisas.

Em sua maioria, as pessoas preferem mandar vídeos e fotos que não mostram necessariamente o ambiente completo. Certa vez, me mandaram o vídeo do closet com todas as portas brancas fechadas. Ok, mas o que tem dentro? Os pertences e as suas quantidades, assim como a forma que estão dispostos, é o que preciso ver para pensar em como melhor ajudar, e mesmo assim fotos e vídeos não são como o olhar presencial de um profissional.

Por medo de expor sua desordem, a maioria das pessoas hesita e evita a visita técnica, mas lembrem-se: somos pessoas capacitadas para ajudar e o nosso trabalho é esse. O caos não nos assusta e sim nos desafia a ajudar e tornar a sua vida mais leve. Mesmo que eu seja uma pessoa próxima a você, existe uma ética no meu trabalho, e não estou lá para julgar, e sim para entender a sua realidade e ajudar você!

Eu tenho uma amiga do cordão umbilical, nós nos apelidamos de "amigas desde a barriga" e seguimos até hoje. Certa vez, íamos sair, e eu nunca havia subido até o apartamento dela. Como cheguei antes, subi e, ao tocar a campainha, o filho dela, que tinha somente três anos, me falou: "Minha mãe MANDOU você só ficar na sala, porque está tudo bagunçado e ela não quer que você veja." Como amo a inocência e sinceridade das crianças! Imaginem minha amiga de uma vida inteira, íamos sair e não fui para trabalhar, então consequentemente também não fui para reparar, mas obedeci e fiquei brincando de trem com o filho dela. Foi muito mais legal do que ficar reparando, até porque eu já estava fora do meu horário de trabalho.

Até que um dia, sim, eu fui lá para organizar o espaço dessa minha amiga. O que começou com um simples jantar acabou se tornando algo mais significativo. Foi uma invasão no closet para descartar, já que ela tinha preguiça. Eu não estava sozinha, porém com mais amigas que participaram do jantar. Colocamos para fora umas dez caixas de roupas, foi realmente uma limpeza do que estava ocupando espaço. Depois, ela me pediu para melhor dispor o que havia ficado, e disse que amou a vida organizada. Sempre me conta que mantém até hoje. Acho que é a boa energia da organização que circula pelos ares.

Na organização, criei o que nomeei não de mandamentos, para que não envolva apenas ordem e rigor, como mencionei antes, mas sim As Sete Maravilhas da Organização. Vamos começar enaltecendo-as no próximo capítulo.

AS 7 MARAVILHAS DA ORGANIZAÇÃO

CAPÍTULO 5

Pequenos passos, grandes mudanças

Com o passar dos anos, sendo convidada a entrar em muitos lares, fui me apropriando cada vez mais dos benefícios que a organização oferece, e criei a mandala representada na página ao lado, que usarei para explicar por que cada um dos benefícios é tão importante e por que, juntos, fazem toda a diferença rumo a uma vida organizada.

TEMPO

A pior sensação que tenho é saber que, em um dia, por exemplo, onde não parei desde muito cedo, ao chegar em casa, vou constatar que não consegui realizar nem metade do que havia me proposto. O tempo voou, mas a sensação é de estagnação total.

Como mencionei anteriormente, temos vivido em meio a uma quantidade excessiva de informação, e ocupamos nosso precioso tempo absorvendo muitas delas desnecessariamente e deixando de fazer o que realmente importa. Para e pensa: quanto tempo você gasta em uma rede social, por exemplo? Muitas vezes, entramos focados somente para conferir ou ver algo e, de repente, estamos há meia hora ou mais absorvendo inutilidades e desperdiçando um tempo que teríamos para tomar um café da manhã com mais tranquilidade antes de sair para o trabalho ou ir dormir mais cedo depois de um dia extasiante. Mas, não, ficamos ali, presos, e depois temos que lidar com a sensação de improdutividade, o que é horrível.

Eu mesma, que uso as redes sociais como instrumento de trabalho e, sim, preciso estar nelas, muitas vezes sinto que não estou produzindo o tanto que poderia em outras atividades, e detesto essa sensação de procrastinação e de serviços inacabados. Se você for da minha época, vai se lembrar de quando a gente preenchia as tarefas corretamente e ganhávamos estrelinhas douradas e prateadas no final. As douradas eram tipo a entrega do Oscar, sim ou não?

Eu sou assim com o tempo, ou melhor, com as tarefas que me proponho a fazer. Acho legal você ter um bloco de notas ou planner, de papel ou no celular (que é ótimo porque nos avisa via alarme), para ir lembrando e ticando o que já foi concluído. Não tem satisfação melhor para mim quando vejo que consegui resolver tudo ou quase tudo, colocando à frente as prioridades, já que frequentemente nos deparamos com empecilhos que fogem da nossa alçada e prejudicam a conclusão.

Eu também uso agenda de papel, pois meus projetos costumam ser instáveis quanto a datas, principalmente em mudanças com muitos atrasos de obras que independem a nossa entrada, e que nos fazem remanejar a toda hora, então para esse risca e rabisca eu costumo me dar melhor com a escrita no papel. Tudo vai de acordo com a sua habilidade e o que o deixa mais confortável sem perder o essencial, que é controlar o seu tempo.

Tem gente que usa post-it colados na geladeira, no espelho do banheiro, retrovisor do carro, não importa, o principal é você conseguir ir aos poucos administrando o seu tempo, que é só seu e não igual do vizinho ou das pessoas que convivem com você, mesmo que as tarefas ou atividades se assemelhem. E isso não ocorre de uma hora para a outra, na verdade, leva justamente uns bons dias até você se dar conta de que, com uma vida mais organizada, você tem tanto tempo de sobra que nem sabe ao certo o que fazer com ele.

É real, acredite, aqui em casa eu consigo desfrutar disso assistindo a uma série ou repensando algum ambiente organizacionalmente falando, uma vez que a minha casa é o meu laboratório, e aqui eu testo muitos materiais novos, muitas soluções. Estou sempre em mutação, e isso não é desperdiçar tempo, e sim suprir com algo que realmente me acrescenta e me dá prazer.

Com o tempo que lhe sobrar, faça o que for conveniente e interessante para você, ressaltando o principal que é essa sensação de paz conosco, em vez desta corrida incessante e louca, como o mês de dezembro, que eu, aliás, não entendo e queria deixar claro que o mundo não vai acabar dia trinta e um, somente virará o calendário. Amém!

ESPAÇO

Independentemente de você morar num apartamento de sessenta metros quadrados ou em uma mansão de mais de mil metros, o que devemos ter em mente é que precisamos de ar circulando, ou seja, espaços livres para que a energia não fique prensada, o que reflete diretamente no seu bem-estar.

Já me deparei várias vezes com apartamentos cujo pé-direito é superalto, e como o lema é quanto mais armários, melhor, sim, vamos até o teto. Quem me conhece sabe que tenho um metro e meio; enquanto realizo um projeto assim e acabou, está ótimo, agora imagine se na minha casa fosse desse jeito, a escalada diária para alcançar algo que está lá em cima? Fora o risco de acidente em um susto ou em uma escada quebrada, e isso independente da sua altura. Muitas cozinhas modernas com armários extremamente altos para abrigar louças delicadas dificultam o manuseio e que são até perigosos de acessar ou limpar.

Acredite, espaços vazios são preciosos e não significa que você precisa preenchê-los constantemente. De início, parece estranho se deparar com um maleiro vazio por ele ser alto e você ter um depósito para as malas ou uma cama box que já existia e que você não obrigatoriamente precisa entulhar de coisas.

Se posso, sugiro ao meu cliente a não adquirir uma cama box, pois a impressão que tenho é que nosso descanso não fica 100% completo quando coisas estão acumulando energia por baixo. Amo olhar o que tem embaixo da cama e sentir que está livre, faço isso até em hotéis. Superstição, talvez; acredito muito no conceito de energia circulante.

Outro espaço que vejo sempre muito mal aproveitado são os depósitos de garagem. Quantas vezes me deparo com portas que nem abrem por tantos objetos esquecidos e acumulados lá dentro. Depósitos de garagem não são a extensão da sua casa para abrigar as coisas que você não consegue se desfazer por apego ou dó. Se em casa você não estava mais usando, em um depósito você vai usar menos ainda, concorda? A não ser que você restaure e faça virar um objeto de decoração retrô, o que adoro. Que tal vender para estabelecimentos que comprem esses objetos mais antigos para produções de filmes e novelas?

No que um depósito poderia lhe ajudar? Ferramentas para conserto dos carros, por exemplo, que ficam próximos; enfeites de Natal devidamente embalados e que só são usados uma vez por ano; malas de viagem, sendo que, às vezes, pela constância, vale deixar algumas menores na casa; aparelhos e objetos de ginástica, quando o esporte que você prática exige. Espaços ganhos são espaços bem aproveitados, atendendo às nossas necessidades. Se for difícil de acessar, já não se trata de um bom espaço.

Em casas ou apartamentos muito grandes, tendemos a nos espalhar, afinal de contas, espaço é o que não falta. Porém, tal atitude pode ser perigosa e disfuncional. Por exemplo: minha mãe, quando os filhos casaram, mudou-se para um apartamento maior do que morávamos antes e, por ter três dormitórios livres, espalhou seus pertences sem critério algum. Certo dia, quando fui fazer uma organização na casa dela, me deparei com ela circulando nos três ambientes para pegar roupas, até esbarrando no meu padrasto no caminho. Brinquei: “Acho que temos que instalar semáforos aqui.”

Fiz todo o planejamento para as roupas dela ficarem todas no quarto dela, uma vez que ela se veste lá. O meu padrasto ficou com o dormitório do meio, onde ele tem o escritório com o banheiro em frente, e o último quarto, que é dos netos, ficou para casacos de viagem ou vestidos de festas e ternos quase nunca utilizados por eles. Pequenas soluções, grandes resultados, e eles muito felizes com tudo mais prático e a mão sem congestionamento.

Espaço bom é espaço de sobra. Quando abrimos as portas e podemos acessar com tranquilidade o que queremos, com aquela sensação de ar circulando livre, até respiramos melhor.

CONTROLE DE GASTOS

Você já parou para pensar em quanto dinheiro gastamos sem necessidade? Muitas vezes, por estarmos atrasados, procurando algo que jurávamos estar ali e não encontramos, compramos em duplicidade, triplicidade e por aí vai.

Eu sou uma consumidora nata e gosto de comprar, reconheço, porém, me apropriando dos benefícios que o trabalho me proporciona na minha vida pessoal, hoje consigo ser uma consumidora consciente.

Vamos mentalizar um cofre de porquinho imaginário. Deixe-o em um cantinho da sua mente de sobreaviso; cada vez que você comprar algo desnecessário e se arrepender depois, pense que esse valor poderia ter ido em cifras ou moedas para o cofrinho, e ele apita estridentemente. Ao final de seis meses ou um ano, você vai lá contabilizar o que gastou. É surreal a quantidade que poderia ter virado um bom investimento futuro para você se aposentar tranquilamente e sem estresse.

A partir do momento em que você começa a investir seu dinheiro, por menor que a quantidade seja, isso ajuda na conscientização do seu consumo. Não tenha medo nem vergonha de não saber ou de ser uma quantia baixa, afinal, ninguém começa milionário. Eu fui aprender o beabá dos investimentos junto com o meu gestor administrativo, que me ajuda muito – reconheço que detesto planilhas e Excel, e quando fui fazer a primeira aplicação, virei para o meu marido e falei: "Nossa, que vergonha de aplicar mil reais, é muito pouco, o que será que ele vai pensar?"

Meu marido, um vendedor nato que faz conta lá longe e até me irrita, mas quase sempre tem razão, me respondeu: "É assim que se começa, tem muita gente que se mostra milionária através de carros, roupas, viagens e que não tem um centavo guardado para o futuro." A partir desse dia, transformei meu cofrinho imaginário em um cofrinho real, com muito aprendizado, continuo até hoje, e muito feliz por saber que é uma conquista toda minha.

De novo, não tem a ver com não comprar, não consumir; tem coisas que dão muito prazer, como viagens memoráveis em família, trabalhamos para isso, mas é a conscientização por trás. Compramos por impulso, por vaidade, para elevar a autoestima, e o entusiasmo dura cinco minutos. O arrependimento, por outro lado, dura até as doze parcelas do cartão acabarem, o que parece durar para sempre.

Que atire a primeira pedra quem nunca comprou nada por impulso. Eu já fiz isso milhares de vezes, no entanto, hoje, consigo reverter de forma menos dolorosa, não me deixando ir tanto pela animação de um passeio no shopping com as amigas, tirando sempre do meu armário uma peça quando uma nova similar entrar: sapato por sapato, calça por calça, e por aí vai. Ao vender um produto que não estou usando, consigo reverter de volta para mim até 70% do valor. Isso vale para despensas lotadas, produtos de banheiro e maquiagem, cosméticos que, sim, têm validade e não é estratégia de marketing para vender mais, realmente estragam e podem causar um estrago enorme em você e na sua saúde.

Supermercados são muito atrativos e dificilmente você vai com uma listinha e volta com ela redondinha, sem nenhum item a mais. Nossa mente só de ler ou ouvir "promo" já brilha e manda gatilhos de *compre, compre, compre*. Sobrava para eu ir aos domingos ao mercado, sendo que minha semana tinha sido superintensa e, muitas vezes, com trabalho até no sábado. Por duvidar da capacidade de localização dos integrantes da minha casa, eu embalava as compras, pois somente eu sabia depois como guardar. Eu carregava, organizava na geladeira e na despesa e pelo menos metade do meu domingo, que poderia ser de descanso, era gasto pela síndrome da Mulher Maravilha. Como eu resolvi isso?

A alternativa mais prudente foi contar com a ajuda da tecnologia e me apropriar das compras on-line, onde você escolhe os produtos, as datas de entrega com periocidade, quantidades, se semanal ou mensalmente, e pode alterar conforme necessidade ou demanda. Certamente que posso me esquecer de alterar a lista e acabar recebendo algo que justo naquela semana não precisava, mas são poucas as ocasiões em que isso acontece. Nas compras pré-programadas, se esqueço de comprar algo, rapidamente consigo ajustar. Posso recorrer a outros aplicativos tecnológicos e pedir uma entrega em casa ou entender que alguém de casa pode ir comprar no meu lugar.

Só de não ser sempre você a ir fazer as compras, o ganho de tempo é gigantesco. Tenha também a noção do que se consome na sua casa porque, às vezes, no entusiasmo de uma recepção que quebra sua rotina, você compra produtos em excesso e desnecessários que não vão ser consumidos depois, daí, já sabe, é dinheiro jogado fora. Despensa bonita é despensa organizada com potes herméticos combinando, cestinhas que deixam tudo categorizado e à mão, e não uma despensa lotada de produtos que não vemos nem consumimos, já vencidos por falta de atenção, o que causa um estrago ainda maior. Idem para maquiagens e cosméticos que consumimos por impulso e que, se vencidos, em contato com a pele, podem causar irritação e, de novo, o gasto com médicos e tratamentos serem altíssimos.

Vale uma história divertida que vivi ao fazer um curso de automaquiagem com um profissional renomadíssimo e com outras mulheres para potencializar a vergonha. Quando ele pediu que levássemos o nosso necessaire, lembrando que era um curso para o dia a dia, lá fui eu com uma mala lotada, achando que eu ia arrasar. Ele logo interveio, me trazendo de volta à Terra e me mostrando que era impossível usar tudo aquilo em um ano, que dirá em um dia, e que muitos produtos seriam desperdiçados por falta de uso e validade expirada. Ele me ensinou a montar o necessaire correto, diminuindo a quantidade, peso e, obviamente, o gasto. Eu, da área da organização, que também havia comprado o carrinho de acrílico com dez gavetas para tais produtos, hoje uso só a parte de cima do carrinho para maquiagem e, nas gavetas restantes, guardo bijuterias, cintos, óculos e botões. Tenho um mínimo de produtos e estoco um a mais de cada de acordo com a constância de uso, para que não falte, principalmente os mais difíceis de encontrar.

A oferta é gigante, faz parte do mundo dos negócios. Nossa mente é um pula-pula inimigo, martelando ideias e vontades, então só cabe a nós tomar as rédeas e precauções. O bolso agradece, a consciência também, e a gente tem uma noite de sono tranquila e feliz. Só não devemos nos esquecer de olhar embaixo da cama, mantendo a energia circulando. Ao esconder algo debaixo da cama para ninguém ver, a gente só vai boicotar a nós mesmos.

Vou exemplificar um caso em que fizemos um belo trabalho de organização e geramos economia. Lembram da mãe da escola do meu filho de quem montei a casa no interior? Sim, normalmente montar uma casa exige um esforço enorme, com os gastos com a construção que normalmente duplicam no decorrer da obra. Eu criei uma lista para ela, baseada no que fiz na minha casa de campo, e ela foi ticando o que costumava usar ou não. Em cima disso, fizemos as compras com facilidade e sem excessos: pratos idênticos, um único jogo a ser distribuído entre cozinha, sala de jantar e área gourmet, em uma quantidade que ela pudesse receber sem se preocupar de faltar, e, o mais importante, fáceis de repor em unidades e não em um novo jogo de doze pessoas, por exemplo.

Pensamos nos socorros para casa (fitas isolantes, colas, feltros, silicone, pilhas, lanternas) e já deixamos uma maleta pronta na área de serviço; nunca se sabe quando vamos precisar. Compramos a quantidade de enxoval por quartos e já distribuímos neles, de modo a não faltar nem misturar com os outros. O estoque de produtos de limpeza e despensa foi baseado na frequência, evitando desperdícios ou compras de valor maior em caso de emergência/urgência.

Ela me disse: "Vou gastar de início um valor alto, mas pensado para quando eu vier usufruir e estiver recebendo convidados, não vou precisar me preocupar em ficar correndo atrás de itens faltantes e ter que comprá-los na pressa num valor maior." Hoje, ela só repõe produtos de limpeza e alimentos, já com uma noção ainda melhor do real consumo.

COM UMA BOA ORGANIZAÇÃO PENSADA E DETALHADA, EVITAMOS GASTOS EM EXCESSO E SUBSTITUÍMOS ESTRESSE POR LAZER E BEM-ESTAR.

QUALIDADE DE VIDA

Posso afirmar que a pandemia foi aquele choque de realidade na vida de todo mundo, conscientizando as pessoas do que realmente importa. Passamos muito tempo confinados, convivendo vinte e quatro horas por dia com as pessoas que mais amamos, mas em um contexto novo, tendo que driblar dores, incertezas, inseguranças e oscilações de humor. Até os pets entraram na dança.

Olhamos ao redor e nos deparamos com a nossa casa e passamos a enxergá-la sob outro prisma, buscando acolhimento, aquele abraço de urso amigo. Daí se valorizou tanto a organização, para a minha felicidade e a dos meus colegas de profissão. Buscamos respirar tranquilamente, fazer coisas que nos dão prazer, renunciar às cordialidades para ir de encontro à nossa tranquilidade, ao que nos deixa em paz.

Pois bem, na pandemia, assumi a minha casa toda para mim, uma vez que meus filhos estavam em aula on-line, meu marido trabalhando em home office, e eu trabalhando fora. Muitas mudanças ocorreram naquela época. Resultado da união constante em tempo integral dos enclausurados e do achismo da Mulher Maravilha querendo dar conta de tudo: sobrecarga geral, principalmente dos humores. Sim, contávamos com uma casa organizada, o que facilitava demais, porém estávamos presos.

Nos apropriamos de uma casa de campo no interior, a uma hora de onde moro, em um lugar lindo de natureza, montanha, canto dos pássaros e paz, muita paz. Desfrutei dessa paz sem arrependimentos, pois sei que hoje posso me dar ao luxo de fazer essa escolha, priorizando o que é importante para mim.

No início, como qualquer empreendedor, você dá o sangue, trabalha incessantemente e não costuma trabalhar com nãos até o negócio começar a andar com as próprias pernas, o que demora uma vida para acontecer. Eu não tinha sábados, domingos, nem feriados, pois, como falei, participo ativamente dos projetos. Meu marido só bateu o martelo da casa de campo quando me fez prometer que eu não trabalharia mais aos fins de semana, senão não faria sentido o investimento. Eu me comprometi com ele primeiramente, mas, hoje, vejo que me comprometi comigo 100%, 1000%. Sei que dou conta e fecho o meu mês trabalhando todos os dias da semana e descansando o corpo, a mente e o coração aos fins de semana, para chegar revigorada à segunda-feira seguinte.

Isso é qualidade de vida, e isso só conseguimos alcançar com uma boa dose de organização interna e externa. Vale muito tentar e se esforçar para dar certo. Felizmente, no geral, sempre dá.

BEM-ESTAR

Se presenteie todos os dias ao não consumir mais e mais coisas sem necessidade, porém aproveitando o que lhe traz prazer.

Sua casa é o seu refúgio, onde você quer estar quando tudo dá errado ou quando tudo dá muito certo; seu templo sagrado. Para isso, você tem que estar em paz com ela.

Ao organizá-la, você dá carinho para ela lhe retribuir em dobro. Não espere uma ocasião especial para usar aquela louça linda que você ganhou de casamento e que fica fechada no armário, aquela prataria especial, aquele vaso de cristal, ou até mesmo para trocar os vários lençóis antigos por um mais nobre e ter aquela sensação gostosa de cama de hotel dentro de casa. Perdemos tanto esperando a tal ocasião especial que, muitas vezes, nem chega, e a vida passa com tudo guardado a sete chaves.

Recomendo aqui, se você for casado ou não, se mora sozinho ou com família, rever os itens que eu denomino como sendo da casa, e fazer um balanço se vale a pena ter tudo ou se dá para se desfazer deles e, de repente, trocar por outros mais atuais. De que adianta ter vinte vasos guardados se você não florir sua casa? Coloque os vasos para fora, traga cor para a sua casa, alegria, vida e bem-estar.

Nós tendemos a guardar os vasos de flores porque os ganhamos da sogra, de uma tia, do marido, da vizinha, e temos aquela culpa de que, quando tal pessoa aparecer na sua casa, ela vai cobrar o uso de tais presentes. Posso garantir a você que não, a não ser coisas muito específicas como um cobertor tricotado ou uma cerâmica feita e pintada a mão, mas nós podemos e devemos escolher do que gostamos ou não, e se há possibilidade de troca do presente, troque já, ainda mais se você não o usará em casa, justamente porque não precisa de mais um vaso.

Objetos parados significam dinheiro parado, já que você terá que dispor de um espaço a mais para colocá-los. Se tiverem prazo de troca e você não se atentar a ele, terá que passar para frente de graça e por aí vai. Mil vezes a sinceridade e a verdade com serventia do que um peso com uma boa dose de ironia para agradar gregos e troianos. Nós não vamos agradar todas as pessoas sempre, pense nisso e faça girar os vasos parados. Dois ou três vasos de flores já são suficientes, até porque, se for um evento que exija uma decoração maior, contratar uma florista que já trará tudo ou alugar e devolver no dia seguinte é a melhor opção.

Fora isso, tendo tudo organizado, retribua o afeto com aromas e sabores, cozinhando algo de que gosta para receber os amigos. Abra a janela, deixe a luz do sol entrar, crie uma rotina de cuidados e limpeza e tenha muito prazer em desfrutar do seu lar.

VISIBILIDADE

O QUE NÃO VEMOS, NÃO USAMOS. FATO!

EM UM PROCESSO DE ORGANIZAÇÃO, TUDO O QUE VOCÊ USA CONSTANTEMENTE DEVE ESTAR NA ALTURA DO SEU OLHAR E DISPOSTO DE FORMA ACESSÍVEL. SE ESTIVER PLANEJANDO UM ARMÁRIO, CUIDADO COM GRANDES PROFUNDIDADES E ALTURAS; TENDEMOS A EMPILHAR, DIFICULTANDO A VISÃO, ALÉM DO MANUSEIO QUE FICA EXAUSTIVO, TENDO QUE SEMPRE FAZER MOVIMENTAÇÕES. A GENTE SE ACOSTUMA, MAS ESTÁ ERRADO.

Na organização, temos a tendência de dispor as peças, sejam elas roupas ou livros, por cores. Fica lindo de ver e direciona o seu olhar, fazendo você ganhar tempo. Se está tudo misturado, e você com pressa, procurando um casaco azul, é certo que você vai ficar minutos procurando, enquanto, se estivessem todas as peças de roupa azuis juntas, sua mente automaticamente direcionaria o seu olhar para a cor azul.

As etiquetas também nos auxiliam nessa organização, o famoso bateu o olho e já encontrou o que você precisa. Só não vale ficar à mercê da rotuladora, ela é um guia rápido e não um mapa de rota de ruas.

Outra forma de melhorar a visibilidade é dispor os sapatos com um pé na frente e outro atrás, assim temos a noção de todos os modelos de pares que temos, enquanto, se colocados enfileirados por pares, mesmo que a sapateira tenha um rodízio, dificilmente vamos acessar e usar os sapatos que estão escondidos atrás.

Dê sempre prioridade a organizadores transparentes. Caixas fechadas coloridas, sem identificação, podem ser lindas, mas terão que ser abertas e reabertas a todo momento.

Em gavetas, se dispusermos as peças em pilhas, também perdemos a visibilidade e temos que fazer o remanejo constante. Por outro lado, em cascata ou degrau, como sempre mostro nas minhas organizações, temos um panorama geral e, ao tirar uma peça, as outras permanecem no mesmo lugar. Categorizar ou dispor as peças por familiaridade, como blusas de gola alta todas juntas, também facilita, e muito. Nós sempre ouvimos de feedback dos nossos clientes que encontraram peças que nem se lembravam que tinham exatamente porque não as viam.

A organização traz luz para você enxergar exatamente o que parecia estar na escuridão, muito longe do alcance dos olhos.

HARMONIA VISUAL

Na minha opinião, a organização de qualquer ambiente só vale a pena quando fica com efeito loja. O que significa isso? É quando você entra em um ambiente que foi organizado e tem a vontade de dormir lá dentro só admirando. Um closet, uma cozinha, uma biblioteca, ou até mesmo um depósito na garagem, por que não? A harmonia é a cereja do bolo; é quando tudo está pronto e você abre as cortinas do espetáculo.

As lojas investem muito em *visual merchandising,* e, a meu ver, isso vende, e muito. Não adquirimos uma peça só, e sim todo o conceito da marca, o cheiro que remete a ela, a embalagem e tudo mais.

Um processo de otimização em que a transformação é notória funciona quase da mesma forma. Para criar essa esfera de magia, buscamos desenvolver técnicas de dobras diferenciadas, caixas combinando com o ambiente, cabides padronizados virados, assim como as peças, tudo na mesma direção. Dispomos em cores ou modelos, damos destaque a alguma peça mais específica ou de design marcante. Em uma estante de livros, podemos ir categorizando por temas e mesclando com objetos de decoração do cliente que remetem aos livros, como livros de viagens e suvenires, por exemplo.

Em uma cristaleira, podemos organizar por jogos ou tipos de bebidas e alturas das taças. Caso sejam taças coloridas, dispomos por cores. Na copa, montar um cantinho do café; em uma despensa, padronizar as etiquetas dos potes herméticos; e em uma adega, que eu particularmente amo, ir misturando os vinhos por regiões, juntamente aos objetos como abridores, decanters, rolhas e taças. O céu é o limite quando se trata de organização, mas o principal, e que eu adoro, é deixar aquela sensação de leveza e de *quero morar aqui para sempre.*

Isso não significa que você não deve tirar nada do lugar com medo de estragar a ordem; uma casa é híbrida, tem movimento, não é engessada e nem um museu. Ouço muito de clientes que estão usando as mesmas peças para não desmanchar nada, e logo intervenho, pois esse não é nem de longe o princípio da organização.

Mude tudo de lugar, faça a energia girar e circular e, para manter tudo em ordem, devolva sempre ao mesmo lugar de onde tirou.

Se você sente que ninguém colabora, podemos instituir o caixote do corredor, que nada mais é do que uma caixa qualquer, um container, um cesto, onde você vai depositando diariamente tudo o que for encontrando jogado pela casa. Ao lhe perguntarem sobre tal coisa, responda que provavelmente está no cesto e, assim, estipule um dia da semana para que cada um recolha o que é seu, se não, adeus. E tem que ser adeus mesmo.

Devagar e sempre, um passo de cada vez. Conforme mencionei anteriormente, a organização é um hábito e requer prática e dedicação.

Vou descrever para você como a mandala das Sete Maravilhas da Organização tem funcionado aqui em casa, principalmente desde a pandemia, quando assumi a casa já estando com a minha empresa e onde todo mundo aqui já havia incorporado um estilo de vida organizado, mas, enclausurados vinte e quatro horas, juntos no mesmo espaço, mudou tudo, então passamos um outro pente fino na ordem por aqui. Tenho certeza de que para você foi dessa forma também.

TEMPO: com todos estudando ou trabalhando remotamente, eu saía para trabalhar fora, contudo, ainda tinha que dar conta dos afazeres de casa, já que a minha funcionária estava na casa dela por conta da pandemia. Eu criei hábitos com novos horários, pensando não na perfeição, e sim no que seria possível de modo a contrabalançar com o período que eu estaria fora, afinal, o meu trabalho não tem como ser remoto.

A troca de lençóis e toalhas acontece uma vez na semana, no dia da faxina geral dos quartos, e, após esse dia, eu só fazia uma manutenção com trocas de lixo, passava um pano de chão e recolhia as roupas dos cestos. As roupas eram lavadas duas ou três vezes na semana, porém eu só as guardava uma vez, e a passadoria ficou para trás. Assim, administrei o meu tempo e continuo fazendo da mesma forma até hoje: guardar as roupas uma vez na semana, pois é o dia que tenho a passadeira.

ESPAÇO: eu preciso rodopiar por aqui, necessito ver espaços livres e leves, pias sem tantos produtos, poltronas e mesas sem pilhas, o vão embaixo da cama livre, mesas de cabeceira sem muita informação. Para tal, fui aprendendo e ensinando minha família a arte do desapego; ninguém sofre mais, espaços vazios nos armários não são mais preenchidos aleatoriamente, e a mamãe aqui respira aliviada. Quando algo novo entra, outro sai cedendo o lugar, sempre.

CONTROLE DE GASTOS: aos domingos, antes da pandemia, eu ia ao supermercado, confesso que zero feliz, mas tinha que ir. Na pandemia, como não podia sair, recebia tudo em casa, comprava delicinhas em extremo excesso na ânsia de baixar ansiedade, mas curtindo de certa forma essa facilidade. Até que, quando as coisas foram voltando ao seu normal, resolvi aderir ao supermercado virtual com entrega programada e direcionada, e nunca fui tão feliz. Salvo algumas exceções, como quando vou receber visitas ou comprar algo mais específico, sempre faço as compras por aplicativo. Como recebo toda semana, pego nas quantidades que realmente uso e não cedo às tentações das prateleiras perto do caixa, o que me ajudar a controlar meus gastos.

QUALIDADE DE VIDA: quando entendi que uma meia no sofá não significa que a minha casa não está em ordem e que, sim, é uma delícia fazer cafuné no meu cachorro deitado na minha cama, mesmo que o jogo de lençol seja caro, eu ganhei qualidade de vida. O grosso da organização a gente vai fazer, e leva um tempo, mas a casa com vida não tem preço. Acredite, só a organização proporciona isso porque transforma esses detalhes, perto do montante, em irrelevantes. Escrevo aqui com o prato de melancia do meu marido ao meu lado; me incomoda, obviamente, mas eu não recolho, só direciono para a mesa de cabeceira dele como alerta, e a casa permanece em ordem. Ganhei muito com essas pequenas atitudes. Cada um colaborando com as suas coisas, e eu com tempo livre para fazer o que eu gosto.

BEM-ESTAR: quando você chega no nível onde estar em casa é tudo de mais maravilhoso do planeta, significa que você está mais do que usufruindo desse bem-estar. Eu saia na pandemia de máscara N-95, toda paramentada e com medo, pois dividia espaços com muitos prestadores de serviços que, muitas vezes, não estavam nem aí para a devida proteção. Voltava com receio de passar algo para os meus filhos, tirava tudo, era um processo. Só depois de tomar banho que me jogava no sofá e daí sim podia gritar que estava em paz. Isso tudo com a certeza de que as coisas estavam no seu lugar e sem a ansiedade de ter que organizar tudo. Eu via energia (ar) circulando livre, não havia barulho de obra, havia música e aconchego. Até hoje tenho adorado ficar em casa, realmente é onde sinto mais bem-estar. Salvo a minha casa de campo, que conta com um céu azul, uma tranquilidade de cidade interiorana e uma natureza exuberante, ao longo desses anos, é este bem-estar que venho buscando incessantemente na minha casa na cidade.

VISIBILIDADE: o que não vemos, nós não usamos, não me canso de repetir. Eu já fui a doida de esconder comprinhas do marido embaixo da cama e, por fim, estava escondendo de mim mesma a culpa das compras que traziam alívio momentâneo, mas que, em cinco minutos, eu já queria partir para a próxima.

No processo de organização, busco juntamente com a minha equipe trazer quase que 100% dessa visibilidade. Aprendi e repito aqui e em todas as casas que organizo: o dispor por cores direciona o nosso olhar. É muito satisfatório quando ouço assim: "Nossa, essa blusa eu nem lembrava mais que tinha, adoro ela, que bom que você encontrou!" Na verdade, ela não sumiu, ela sempre esteve ali, só não estava visível.

HARMONIA VISUAL: eu amo essa maravilha da mandala, amo o efeito loja porque quando está tudo organizado, gosto de ficar paquerando o ambiente. De novo, voltando à minha formação universitária, entendi a fundo o processo de criação, e isso me encanta, então sei que há peças e objetos que merecem destaque, tudo equilibrado, cada coisa com o seu espaço determinado e tudo em harmonia, inclusive a gente. No processo de organização, os olhos do cliente precisam brilhar apaixonados; esse é o meu método.

CAPÍTULO 6

Muito mais do que caixas e organizadores

Eu confesso a vocês que, no início, não me vendia em uma visita técnica. Eu subia e descia pela casa do cliente sem saber se ele fecharia o projeto. Não me sentia firme e talvez passasse isso em gestos, insegurança ao falar e falta de experiência.

Conforme você consegue fechar um nicho de atuação, consegue precificar corretamente o seu valor, formar uma equipe sólida, ir pegando projetos diferenciados. Tudo muda, e você vai adquirindo e retransmitindo essa autoconfiança.

Muitas vezes, ouço clientes falarem da dificuldade de conseguir uma rotina de manutenção com as funcionárias e vice-versa, pois quando se tem um estilo de vida que é relatado como "eu me acho na minha bagunça", é difícil para alguém mexer e, de repente, ouvir críticas ou até colocar em risco o próprio trabalho.

É aí que eu entro para quebrar esses tabus. Nem sempre a recepção é favorável de imediato. Muitas funcionárias já me dizem na porta que não vai funcionar, por medo de complicar ou ampliar o trabalho, e continuam dizendo que ali ninguém mantém a organização e sobra tudo para ela. Ou o inverso: quando o cliente resolve investir no meu trabalho para organizar a casa dele, frisando que precisamos treinar a fundo a funcionária.

Um trabalho de organização, quando bem-feito, não precisa de manutenção. O importante aqui é criar o hábito. Como mencionei, é importante envolver todos os integrantes da casa, juntamente com os funcionários, e ir criando rotinas com planejamento diários, semanais e mensais, que podem ser escritos em lousas, cadernos, post-it. No começo, vale tudo; só não vale estagnar, senão voltamos à estaca zero. Vá ticando as tarefas feitas – eu, por exemplo, saio de casa já com mil coisas na cabeça para resolver e, ao final do dia, quando tico tudo, nossa, é uma sensação única. Crie para as crianças premiações, isso incentiva, ajuda muito e deixa divertido e leve. Tipo o "destaque do mês" para quem fez mais tarefas, e logo os outros vão querer ser também. Se o hábito for gostoso e saudável, ele é incorporado rapidamente e tem permanência.

É fundamental se apropriar dos benefícios no dia a dia e não impor dobras perfeitas. Mesmo que eu faça uma organização paga em um cliente, a própria funcionária pode e deve se apropriar dos ensinamentos e dicas para organizar a própria casa. A organização está disponível para todos.

Seria estranho para mim se a cada três meses, por exemplo, eu precisasse retornar para organizar a casa do cliente novamente. Eu teria a impressão de uma não funcionalidade, de que meu trabalho não está dando certo. Isso muda quando o cliente opta por não ter funcionários em casa, daí, sim, de tempos em tempos, busca uma reorganização, pois não tem tempo ou não sabe fazer sozinho.

Quando finalizamos alguns projetos, vemos normalmente um sorriso estampado no rosto da funcionária que nos recebeu, a princípio receosa, por agora ela conseguir passar um pano em uma prateleira que deixamos livre abaixo de um varão e que antes era lotada de coisas misturadas sem critério. Ou seja, quem também ganha o presente da organização são as pessoas responsáveis por manter limpa aquela casa todos os dias, por isso me seguem nas redes sociais e me dão dicas excelentes de limpeza para casa, assim como me indicam a outros clientes, o que também adoro.

Hoje, posso dizer que 99,9% do meu trabalho vem do boca a boca de recomendação de clientes satisfeitos que usufruíram do meu serviço. Isso é muito valioso, pois comprova a satisfação. Saber que meu trabalho foi reconhecido e recomendado é uma recompensa gigante para mim, uma das maiores que posso ter.

Além disso, eu recebo possíveis novos clientes pelas redes. Compartilhar dicas nas redes sociais e mostrar o dia a dia dos projetos através dos vídeos ou fotos com os chamados "antes e depois" ou "durante e depois", tem sido uma forma eficaz de engajar e me conectar com o público, o que posteriormente leva a novos clientes. Chamo de durante os registros que faço no decorrer do processo e mostro a equipe trabalhando.

Para crescermos e evoluirmos, é essencial buscarmos novos clientes, explorando novas oportunidades e desafios. Também é fundamental ter a fidelidade dos clientes antigos, já que isso demonstra muita confiança e satisfação no meu trabalho – principalmente clientes que estão desde o início da empresa, é muito gratificante.

Vou contar algumas histórias que sempre brinco que dariam um livro, então aqui estão, no meu livro.

Uma vez, ainda sozinha, fui fazer a mudança de um casal mais idoso, ambos nascidos na Turquia. Experimentei o famoso café turco e fui organizando, tudo com muito cuidado, pois a esposa era muito fiel às exigências do marido. Tudo o que eu iniciava, ela olhava e dizia: "Faz assim que ele prefere. Ele gosta que fique assim. Isso não pode misturar, e tal coisa não pode ser mexida que ele não gosta", e por aí vai. A verdade é que ele nunca estava presente, mas eu receava a cada vez a entrada triunfal dele, até que ela pediu que eu organizasse os sapatos do marido em caixas, pois ele queria ter cada sapato em uma caixa transparente específica, individual e identificada com o modelo.

Em um trabalho de organização, o aspecto visual conta muito, pelo menos para mim; quero realmente impactar a ponto de fazer brilhar os olhos dos meus clientes. Pois bem, lá fui eu comprar caixas transparentes com respiro (furinhos para que entre ar e não mofem). Etiquetei cada caixa com uma etiqueta decorativa especial, especificando o modelo que havia ali dentro. De novo, as etiquetas servem muito como guias rápidos e, como já escrevi anteriormente, sou adepta a usá-las. Só não vale se prender a ponto de colocar etiqueta em tudo, aí não funciona.

Sem que eu estivesse a par, ele chegou, e eu tremi, pensando na possibilidade de ele não gostar do trabalho, tamanha a exigência que a esposa me passava. Fantasiei na minha cabeça uma pessoa alta, forte, rígida, e me deparei com um senhor mais baixo, com todo o respeito, cheiroso e muito gentil. Cuidadosamente, fui mostrando a ele tudo o que eu havia feito até pararmos na sapateira. Ele me segurou com carinho pelo queixo e disse: "Menina anjo, você, anjo." Com essas exatas palavras, desse jeitinho todo carinhoso. Ganhei meu dia. Depois de um tempo, soube que ele veio a falecer, o que me deixou bem triste. Eram um casal muito querido e permanecerão para sempre nas minhas boas lembranças.

Aqui em casa, respeito o espaço de cada um desde que eles respeitem o espaço em conjunto, mantendo aquilo que eu fiz. Porém, na pandemia, todos em home office menos eu, tive que usar do meu humor para ver se conseguia fazer a minha filha entender o caos que era o quarto dela. Ainda tenho algumas recaídas e passo por cima, organizando tudo para a minha satisfação pessoal, porque me incomoda muito quando entra sujeira e descaso.

Brilhantemente, tive a ideia de comprar aquelas fitas amarela e preta de interdição, sabe? Já era um momento em que havia uma certa flexibilização, e ela saia às vezes. Um dia, quando chegou, viu um X na porta do quarto e perguntou do que se tratava aquilo. Prontamente respondi que a vigilância sanitária havia passado lá e ficado impressionada em conhecer talvez mais de vinte espécies de pulgas jamais vistas no planeta, e por isso resolveu lacrar o quarto.

De início, ela ficou possessa comigo, mas depois demos muita risada em família, desconstruindo de forma leve, e consegui fazê-la entender como a organização e a limpeza são importantes. Nada como morar fora e sentir saudades de casa, momento em que ela se encontra agora, me repetindo a cada ligação que ela morre de saudades da nossa casa cheirosa e organizada. Simples assim, devagar vai entrando, eles vão assimilando.

Outra história interessante, no início da minha carreira como organizer, foi quando uma cliente do mercado de móveis e bem conhecedora dos serviços de decoração como um todo me chamou para organizar a sua casa pós-reforma, e lá fui eu de novo sozinha. Estava tudo indo muito bem sob orientação dela até que, certo dia, ela saiu, e eu fiquei organizando o louceiro com muita prataria de que ela realmente gostava e usava muito.

A prataria é sempre muito delicada, exige tempo de limpeza e manutenção, e nós, profissionais de organização, costumamos guardá-las em envelopes de feltro feitos sob medida, o que encarece, mas tem muita durabilidade. Sacos plásticos de alta gramatura são outra opção, e para valorizar o aspecto visual, por se tratar de um louceiro, podemos amarrar cada um com fita de cetim ou gorgorão. Aprendi essa técnica com outra profissional de organização que está há bastante tempo no mercado, com extremo bom gosto e conhecimento quando o assunto é louçaria e mesa posta, uma excelente profissional com a qual tenho uma ótima relação e que me ensina bastante.

Fui embalando e recheando (como gosto de me referir aos espaços vazios) o tal louceiro, categorizando por jogos – por exemplo, a marca Christofle tem alguns desenhos em relevo e é usada para jantares mais nobres, outras marcas são usadas mais no dia a dia, e por aí vai.

Havia mais pessoas prestando outros serviços e se maravilhavam quando passavam por lá. Até que a cliente chegou, olhou e disse: "Tira tudo do lugar e coloca na mesa." Eu calmamente fiz o que ela havia me pedido e assim, juntas, fomos remontando não por jogos, e sim da forma que ela estava acostumada a usar. Deu muito certo, porque ela ficou feliz por tudo estar organizado de maneira mais prática para o momento da escolha e do serviço.

Uma das profissionais que assistira a tudo me chamou num canto e disse: “Nossa, como você tem paciência, eu achei que você fosse chorar, pois estava tão lindo.” Esse trabalho não envolve somente beleza, engessando, no caso, o louceiro dela, só dando a impressão de estar embalado para presente, mas também funcionalidade, afinal, eu iria embora e quem fosse acessar precisaria ter praticidade. Inclusive, nós, profissionais de organização, podemos montar álbuns de serviços de mesa posta com os jogos e as possibilidades caso a cliente não esteja e peça para a funcionária já deixar pronto, também facilita demais.

Quando fui embora, ela me chamou e disse: “Preciso dizer que eu achava uma frescura esta história de personal organizer até te conhecer.” Eu faria esse louceiro tantas vezes fossem necessárias só para ouvir um elogio cheio de gratidão como esse.

Lembra que contei que cresci em uma casa organizada e que a minha mãe era bem rigorosa com isso? Pois bem, ela continua, mas, agora mora em um apartamento grande. A marcenaria dela, já existente quando ela comprou o apartamento, é bem escura, e ela colocou cabides pretos e reclamava que nunca enxergava nada, por isso usava sempre as mesmas peças. Trocamos os cabides pelos transparentes e *voilà*, você não imagina a diferença, simplesmente clareou.

O tragicômico é que ela sempre usou cintos grandes e largos, e colocou um porta-cinto na porta não tão resistente, então substituí por caixas internas e o porta-cinto ficou vazio. Como ele já estava fixado, resolvi colocar as pulseiras dela nele. Porém, não me atentei a uma que era de fio de nylon com elástico, até que, na madrugada, ela cedeu e começaram a cair todas as pedrarias e contas no chão, e minha mãe e meu padrasto acharam que eram tiros de um ladrão invadindo o apartamento. Rimos muito no dia seguinte após o susto, e só agradeci de isso ter acontecido na casa da minha mãe. Imagina se fosse com um cliente?

Outra coisa com que eu me divirto é quando os maridos brecam o meu serviço por achar que as esposas podem fazer sozinhas uma vez que não trabalham. Não trabalham fora de casa, mas em casa tem muito o que fazer, e eu sou a prova viva disso. Até eu poder voltar ao mercado de trabalho, fiquei durante um ano administrando a minha casa com as milhares de demandas que ela tem para, enfim, conseguir sair tranquila. E nem todas as pessoas gostam ou sabem organizar por conta própria, fora que uma mudança exige demais.

Quando, com muito custo sou contratada no primeiro dia, eles estão sempre me observando e observando minha equipe para ver se realmente está valendo a pena o investimento. Nos dias seguintes, começam a elogiar o trabalho, já que não tiveram que abrir nenhuma caixa; e no último dia, se desesperam ao saber que vamos embora e "nunca" mais vamos voltar. Apesar de divertido, é muito recompensador.

Tem clientes que acabam virando amigos e me mandam sempre vídeos de dobras novas, dicas de materiais organizadores que encontraram em viagens, e eu adoro essa conexão da organização, isso significa que incorporaram mesmo o propósito.

Recentemente, fiz uma casa de uma cliente que pediu uma negociação do valor e, sim, estamos abertos a negociar sempre. Ao final, ela me disse: "Nossa, é sério que você faz isso todos os dias?" No término do serviço, ela se desculpou pelo desconto pedido e disse que meu trabalho valia cada centavo. Para mim, essa fala já valeu qualquer negociação. Tenho certeza de que ela vai me chamar outras vezes ou indicar a minha empresa.

Já fui refazer trabalhos de outras profissionais que cobraram talvez mais barato. Claro que temos uma base e varia com os custos que cada profissional ou empresa assume, mas é provável que tenha faltado escuta, o que é fundamental antes de sair aplicando metodologias que não se encaixam em todas as casas. Temos que ouvir as dores, as queixas e tentar solucionar ali de forma que atenda às necessidades. Muitas vezes, me questiono se esse é o jeito certo, mas, se para o cliente ficou satisfatório, significa que sim. Esse convite de refazer me fez crer que o meu valor não está somente baseado em preço, mas na transformação que vou fazer naquela casa, para aquela família.

Eu também faço muitas casas de amigos que estudaram comigo por muitos anos, tal como mães desses amigos, mães de amigos dos filhos, e é muito gratificante quando eles que não conheciam o meu lado profissional e se encantam, admiram, elogiam e indicam para outros amigos. É o caso de uma amiga de escola, de quem acabei me afastando por causa da nossa rotina atribulada. Em determinado momento, ela precisou de ajuda na organização da casa dela. Ela ficou tão grata e satisfeita que faz questão de sempre me elogiar, valorizar e indicar para outros clientes. E o melhor: estamos muito próximas de novo, com a parte social muito forte; maridos que se tornaram amigos; fazemos viagens para praia e jantares. O que a organização uniu já está consolidado.

Meu trabalho de organização trouxe de volta uma outra amiga de escola que eu não via havia anos. Eu adoro ir à casa dela, principalmente para me encontrar com a tartaruga dela que se chama Michael Jackson. Acho o nome o máximo. Sempre me refiro a ela como A Casa do Michael, e a equipe inteira lembra. Ela é outra que enaltece tanto a minha profissão e o caminho que escolhi que sempre saio muito engrandecida dali.

Após concluir cada projeto, tendo convivido com cada integrante da casa e funcionários, vendo o ritmo que ela funciona, nós sugerimos ou podemos criar uma rotina de organização. De tal forma fica fácil de todo mundo se apropriar, ajudar e manter. Do universo da organização, cria-se uma corrente a partir do momento que você se apropria, absorve e compartilha. Esse é o verdadeiro sucesso do meu trabalho, pode acreditar.

CAPÍTULO 7

De closet aberto

Quero contar a você que chegou até aqui que, concomitantemente à escrita deste livro, eu refiz todo o meu closet após quinze anos. Quando me mudei para esta casa, ainda não trabalhava com organização profissional e, sem experiência, aprovei um projeto que não atendeu às minhas necessidades; aquela velha história de ter que se adaptar ao armário.

A minha casa é o meu maior laboratório, onde testo inúmeros materiais que recebo de fornecedores que lançam no mercado interno e externo até ter a possibilidade de trazer e compartilhar com você. Mudo constantemente as coisas de lugar para que os espaços me atendam da melhor maneira, isso não somente no closet, mas em todos os ambientes.

Como mencionei anteriormente, também descarto com frequência, pois os excessos não fazem sentido para mim.

E hoje descarto dos meus filhos e marido, já que sou eu quem guardo e sei o que usam ou não, salvo algo mais específico, que daí questiono.

Meu closet era inicialmente um quarto com suíte, porém, como sabíamos que não teríamos mais filhos, resolvemos ampliar nosso quarto e banheiro para fazer deste dormitório um armário de roupas e rouparia, mas o projeto não nos atendeu. Vida que segue, e seguiu com mudanças mínimas aqui e ali, afinal, já havia todo um investimento e estruturas que não compensava alterar, apesar de nos incomodar.

Durante o meu processo de formação, fiz inúmeros cursos e ainda os faço, pois anseio aprender e me aprimorar para melhor atender os meus clientes. Assim, fui me apropriando da marcenaria inteligente, que consiste em unir o trabalho do arquiteto com o da personal organizer durante o layout do projeto, que é a parte a que devemos dar mais atenção. Enquanto o arquiteto desenha, nós vamos até a casa do cliente e entendemos de que precisam a nível de uma melhor distribuição em cozinhas, armários de roupas, rouparia, brinquedos, banheiros. Fazemos uma contagem dos itens para saber se o novo espaço atenderá às quantidades necessárias e avaliamos o projeto em conjunto, considerando alterações antes de ele ser executado, já que uma vez pronto fica mais difícil de fazer grandes mudanças.

Depois de muito mexer aqui e ir adquirindo experiência no decorrer destes onze anos de profissão, pude, então, comprovar o meu método no meu closet e fez muito sentido para mim essa confirmação.

O processo foi redesenhar, em cima do que eu já tinha, o que eu precisava; o que estava funcionando bem, manteríamos. Em conjunto, eu e o meu marido optamos por ter um armário com portas de vidro transparente pela beleza e pelo não excesso: preciso visualizar tudo o que tenho e preciso de distância entre os meus cabides e abaixo de prateleiras para sentir a energia circular.

Escolhemos uma loja renomada de móveis planejados que já havíamos contratado para outros ambientes e que nos atendeu muito bem, tanto no atendimento em si quanto de qualidade do produto. A arquiteta da loja veio até nossa casa e, juntas, fomos traçando e definindo tudo.

Quando tudo ficou pronto e fui, devagar, recheando o espaço novo, a sensação de alívio e alegria foram gigantes, pois tudo atendia as minhas necessidades, além de ter sido no momento certo, o que só reafirma tudo o que acredito e proponho nas minhas organizações. Espaços livres para limpar e o ar circular. Tudo à vista, fácil de localizar e pegar, o que nos fez ganhar tempo; materiais ideais, principalmente os cabides, dispostos de maneira simples e prática. Tudo da mesma familiaridade, itens em comum organizados perto uns dos outros, por exemplo, casacos com a caixa de gorros e luvas acima, praia com praia e por aí vai.

Ressalto: esse processo demorou quinze anos para acontecer, e foi feito no momento certo, então não tenha pressa, vá plantando e incorporando devagarzinho com vontade e amor que vai dar certo. Tem que fazer sentido para você e para quem mora com você, não para os outros.

Hoje, quando chego em casa, sinto uma paz absoluta e muitas vezes até nego convites de saídas para permanecer aqui no meu casulo, e não porque ele é impecável, mas sim porque tudo aqui funciona, cada coisa tem o seu lugar e, dessa forma, consigo tempo de fazer as coisas que eu curto, como tomar um vinho assistindo a uma série, brincar com o meu cachorro, mudar minhas artes de lugar e receber amigos para jantar. Claro que não é sempre, pois eu adoro montar mesas, mas no corre-corre do trabalho não tenho tanto tempo, principalmente porque acordo muito cedo para me exercitar, outro hábito que adquiri e do qual não me desfaço. Até arranjei um tempo para voltar ao ballet clássico, a minha paixão tal qual a organização. Talvez eu até me apresente algum dia e conte para você.

Posso afirmar que a organização tem um impacto terapêutico, é real e reflexivo de fora para dentro, trazendo muita paz e equilíbrio emocional em tempos de muitos bombardeios mentais e excessos de informações. São nesses tempos que nos damos conta de que respirar levemente não tem preço.

A partir daí, enfeite a sua casa com flores, com cores, com vinho e com vida. Enfeite com o que faz sentido para você: porta-retratos, objetos de design etc. Mais do que enfeitar, é o cuidado com o seu ambiente que conta e transparece.

Não esqueça de deixar os seus sapatos com todos os problemas enfrentados no dia a dia da porta para fora. Coloque uma música que lhe agrada, cozinhe, faça um brigadeiro de colher e partilhe de meia no sofá com todos os integrantes da família, mude os objetos de lugar e depois mude de novo, coloque um aromatizador de ambientes bem agradável. Nossa casa não precisa ser impecável, viu? A minha tem vida, e é onde mais gosto de estar. A sua deve ser assim também.

Vou finalizar com uma última história, uma que muito me anima e me faz ter certeza de que este é o caminho certo.

Uma cliente que estava vindo de outra cidade para trabalhar em São Paulo me contatou para receber a mudança em um apartamento que era alugado, já que ela faria, inicialmente, uma experiência, então ela não investiria em grandes reformas. Dito e feito, a geladeira dela não coube na cozinha e foi parar na sala. Nós organizamos, e ela é bem criteriosa, o que acho até importante nesse processo, afinal, a casa tem que funcionar para você e não para mim que não moro lá.

Posteriormente, ela contratou outra profissional porque queria organizar documentos, e eu não me incluía nesse nicho. Quando teve outro filho, nos contatou novamente, dizendo que eu havia inserido nela a mania da organização e que ela agora era minha fiel discípula. Essas foram as palavras dela, e eu acho um barato.

Ela trabalha muito, muitas vezes de casa, aliás, ela sempre estava presente de alguma forma acompanhando o nosso trabalho. Lá fomos nós novamente, receber a mudança dela, já em outro apartamento, ainda não próprio, porém maior para duas crianças. Os espaços, entretanto, ainda precisavam ser vividos por ela, pois mudaram totalmente a disposição dos ambientes em comparação ao antigo apartamento, e senti dificuldade nessa organização.

Por coincidência, ela se mudou há pouco para o seu apartamento próprio, justamente quando eu havia dado férias coletivas para a minha equipe e não pude atendê-la. Indiquei alguns colegas e ela, por conta própria, optou por uma profissional que não conseguiu realizar um trabalho condizente ao que ela queria. Logo me ligou pedindo para eu voltar. Voltei com o tapete vermelho estendido da minha discípula querida; ouvimos primeiramente o que ela queria e fizemos de acordo com a vontade e necessidade dela, afinal, ela já morava lá, era dela, ela já havia planejado de acordo com o que precisava e, sim, já tinha incorporado a organização em mudanças anteriores. Assim, pudemos deixar a casa dela ser dela, funcionando de acordo com as suas expectativas e vontades.

Nem sempre precisa fazer sentido para mim ou para a minha equipe, e sim para a minha cliente. E nem eu quero ficar voltando sempre à casa do mesmo cliente: o meu objetivo é incorporar os benefícios e fazer com que as pessoas usufruam deles sem medo de que, se eu não estiver, melhor usar sempre a mesma roupa para não estragar as pilhas que montei. Isso nunca fez sentido para mim.

ORGANIZAR É DEIXAR SUA CASA GOSTOSA E, QUANTO MAIS GOSTOSA, MAIS FELIZ A VIDA. ABRA O SEU CORAÇÃO (E O SEU CLOSET) PARA A MUDANÇA.

CAPÍTULO 8

Não terminamos por aqui...

Ao longo deste livro, trouxe muitos exemplos de como a organização pode ser a chave para uma vida mais leve e equilibrada. Essa mudança pode, e deve, começar por você. Estou certa de que, através das dicas e relatos de clientes compartilhados aqui, você conseguirá começar a transformar seu ambiente e tornar seu dia a dia mais prazeroso.

Ainda assim, se você sente que precisa de muita ajuda com organização, ajuda profissional, saiba que hoje há inúmeras ramificações e profissionais capacitadíssimos para lhe ajudar além do meu nicho, como organização digital, organização de fotos, documentos, coorporativo em um almoxarifado, organização para enlutados, expatriados (que é um trabalho até de adaptação da família em uma nova cidade ou país), acumuladores, treinamento e rotinas do trabalho doméstico, organização de barcos e lanchas, inventário de louçaria e álbuns de serviços, organização de lojas, incluindo estoques, e por aí vai. Viu como você não está sozinho?

Agora, quero agradecer a cada um que chegou até aqui comigo, entendendo a importância de ter uma vida mais organizada, sabendo que é um processo que merece insistência. Mesmo ao fechar o livro, não desista. Continue.

Foi uma satisfação imensa poder relembrar cada pedacinho desse meu processo que também é contínuo. Lembrar de cada casa, cada desafio, cada medo, cada vibração por um trabalho bem-feito, cada elogio. Sempre falo para a minha filha, que está ingressando no mundo corporativo, que ainda não cheguei nem na metade de onde quero chegar. A cada casa que concluo, não fecho uma porta e me despeço: eu continuo de forma que sempre, sempre mesmo, os meus clientes, já muitas vezes amigos, retomem mediante novos projetos ou indicações que impulsionam e movem o meu trabalho.

Acrescentei histórias, vivências, experiências, mas o cerne de um capítulo ficou intacto do começo ao fim deste projeto, mesmo tendo passado por outras mãos: o capítulo que retrata As Sete Maravilhas da Organização, que nomeei e desenhei a mandala lá no início das minhas redes sociais justamente por ser o que acredito, e vejo agora que o meu propósito está cada vez mais consolidado e nítido. Engraçado que revi muitas vezes o conteúdo como um todo, fiz correções, e sei que é isso que quero passar com o meu trabalho e o meu jeito particular de organizar.

Nessa caminhada, tentei criar um curso de organização – chegamos até a lançá-lo, mas graças a Deus ele não vendeu. E digo isso com muito mais segurança do que quando precisei fechar minha loja. Naquela época, percebi que havia muitas profissionais oferecendo cursos e, sinceramente, eu ainda não estava pronta.

Empreender é um processo lento. Cada dia traz um novo aprendizado, positivo ou não. Às vezes, sentimos que descemos dez degraus para subir apenas um, e depois subimos dez para descer de novo. É um verdadeiro efeito gangorra. Com a experiência que conquistei, posso afirmar que o mercado da organização cresceu, mas também se tornou desafiador. Enfrentamos muitos obstáculos e, muitas vezes, temos que remar contra a maré para manter nosso propósito vivo.

E esse propósito vai muito além do dinheiro. Trata-se do valor real de transformar vidas e fazer valer cada centavo investido.

Hoje, ao escrever este livro, coloco nele meu propósito, meus valores, desafios e objetivos. Sinto-me segura para continuar espalhando essa "purpurina" – como gosto de chamar – de forma prática, funcional e leve. Acredito que, por meio dele, posso alçar novos voos e ampliar ainda mais minhas possibilidades.

Ao concluir esta leitura, convido você a fazer uma pausa e lembrar: a organização é um hábito. Como uma flor, precisa ser regada todos os dias. E, independentemente de eu já ter organizado um ambiente da sua casa, ajudado em sua mudança ou se nos conhecemos pessoalmente ou não, estarei sempre por aqui. Compartilhando os benefícios da organização, tirando dúvidas, mostrando dobras, materiais, ideias e projetos que me inspiram – e que podem inspirar você também.

Porque, quando o "bichinho da organização" nos pega, é difícil voltar atrás.

Seguimos juntos, porque eu amo o que faço. E espero, em breve, ouvir de você o quanto é prazeroso estar EM CASA. Assim como eu, em uma casa com vida.

Um giro pela casa com dicas preciosas

COZINHA – A ALMA DA CASA

Mantenha a bancada de trabalho livre sempre que possível.

Evite comprar eletroportáteis por impulso, especialmente se você não costuma cozinhar com frequência.

Um bom jogo de panelas é suficiente. O mesmo vale para:

- jogo de colheres de mexer;
- conjunto de facas;
- um ou dois descascadores e raladores;
- jogo de peneiras;
- conjunto de bowls de preparo (3 peças);
- escorredor de arroz;
- doze panos de prato para uso + seis de reserva.

Prefira potes de vidro com tampa hermética. Evite os de plástico (pegam cheiro e desgastam rápido).

Louça ideal: um jogo de pratos, bowls, copos e xícaras (café e chá) proporcional ao número de moradores.

Tenha também:

- duas jarras;
- descanso de prato quente;
- conjunto de travessas ou pirex;
- três assadeiras em formatos diferentes;
- dois jogos americanos para o dia a dia;
- garrafa térmica (se for de costume);
- porta-guardanapos.

DESPENSA – MENOS É MAIS

- Não precisa parecer um supermercado: foque no essencial.
- Faça uma lista de consumo e defina a frequência de compras (semanal, quinzenal ou mensal).
- Use potes herméticos para conservar mantimentos abertos.
- Categorize com cestas plásticas (grãos, farináceos, cereais).
- Sempre deixe à frente os alimentos com validade menor.
- Reforce as prateleiras — bebidas e enlatados pesam bastante.

SALA DE JANTAR – PEÇAS ESTRATÉGICAS MUDAM TUDO

- Adeque a quantidade de louças à quantidade real de visitas que você recebe. Se você não gosta, não adianta ter milhares de jogos de louça estocados sem utilidade, ocupando espaço.

- Sugestões:
    - Um ou dois jogos mais finos (evite frisos metálicos, pois desgastam na lava-louças).
    - Evite pratarias se você não tem tempo para cuidar.
    - Prefira **peças versáteis**, que combinem entre si. Com três jogos bem pensados de pratos, travessas, jogos americanos e guardanapos, é possível montar até seis composições diferentes. O tal "tudo casa com tudo."
    - Taças: só tenha específicas (licor, long drink) se realmente usar. Priorize taças para água, vinho e espumante.

Um decanter, jogo de abridor e termômetro: só se beber vinhos realmente fizer parte da sua rotina.

Use feltros entre as porcelanas e móveis para evitar riscos.

ROUPARIA – CONFORTO E PRATICIDADE COMEÇAM NOS DETALHES

- Recomendo quatro jogos de toalhas de banho e rosto e quatro jogos de lençol para cada integrante da casa.
- Aposte em capas de edredom, capas de almofadas e peseiras: não ocupam espaço e dão um colorido lindo às montagens das camas.
- Substitua o amaciante por vinagre de álcool na lavagem das toalhas e finalize na secadora para mantê-las sempre fofinhas.
- Um recheio de edredom, um cobertor e uma colcha são suficientes.
- Um aromatizador traz sempre uma sensação acolhedora ao chegar em casa.

- Roupão só se for usado; o mesmo vale para toalhas de piscina ou massagem.
- Sugiro jogos específicos de toalha e lençol para acampamentos e visitas à casa de amigos das crianças.

BANHEIROS – MANTENHA O ESPAÇO LIVRE PARA CUIDAR DA ROTINA COM LEVEZA

- Bancada livre é libertador.
- Maquiagens e remédios não devem ficar no banheiro — a umidade e a oscilação de temperatura os danificam, mesmo dentro do prazo de validade.
- Estoque de dois a três produtos de uso constante (shampoo, creme dental, sabonete) é suficiente.
- Evite acumular amostras grátis — na maioria das vezes, não são usadas e ocupam muito espaço.
- Use cestos plásticos ou transparentes para categorizar os produtos. São fáceis de limpar e facilitam a organização.

ÁREA DE SERVIÇO – FUNCIONALIDADE E FLUXO

Comida dos pets não deve ser armazenada junto com produtos de limpeza — além do cheiro, há risco de vazamentos prejudiciais.

- Evite promoções de embalagens com muitos produtos se você não costuma usá-los: é comum abrir todos e não terminar nenhum.
- Separe produtos de limpeza geral dos de lavanderia e passadoria, para evitar manchas nas roupas.
- Itens essenciais: dois baldes (um para limpeza e outro para molho), duas bacias e um organizador com alça para circular com produtos pela casa.

- Estoque panos de limpeza e de chão, pois se desgastam com frequência.
- Invista em um varal de meias e cuecas, além do varal tradicional.
- Monte uma caixa de primeiros socorros da casa com: feltro, silicone, pregos, trena, cola, pilhas etc.

ARMÁRIOS DE ROUPAS – A BELEZA E O CUIDADO PARA VESTIR-SE BEM COMEÇA NA ORGANIZAÇÃO

- Cuidado ao escolher os cabides: mais do que bonitos, precisam ser funcionais. Casacos pesados exigem cabides rígidos.
- Tenha um pequeno estoque de cabides iguais na lavanderia para substituições e evite variedade de modelos.
- Mantenha circulação de ar entre cabides e prateleiras para evitar mofo. Limpeza regular com vinagre de álcool e lustra-móveis é fundamental.
- Luzes internas podem alterar a tonalidade das peças.
- Peça ajuda para medir e planejar organizadores — sem medidas adequadas, viram entulho.
- Na sapateira, organize os pares com um pé à frente e outro atrás, para visualizar melhor.
- Sacos a vácuo mal fechados podem amarelar as peças — precisam de respiro adequado.

MAQUIAGENS E SKINCARE – AUTOCUIDADO COMEÇA COM CLAREZA: SÓ O QUE VOCÊ USA, SÓ O QUE FAZ SENTIDO

- Evite o excesso. Esses produtos são comprados impulsivamente e muitos vencem sem uso, por não indicarem validade com clareza.
- Foque itens de uso diário e real necessidade, não variedade.
- Higienize pincéis e esponjas semanalmente.
- Ideal que cada integrante da casa tenha seus próprios produtos, pois cada pele é única.

DEPÓSITOS DE GARAGEM – O QUE VOCÊ GUARDA DEVE SERVIR, NÃO SER ESQUECIDO

- Cuidado com o tipo de item armazenado e como ele é armazenado.
- Invista em containers plásticos com etiquetas e boa visibilidade.
- Guarde neles objetos de uso esporádico: enfeites de Natal/Páscoa, malas, trabalhos escolares, acessórios de academia (deixe os mais usados próximos ao carro).
- Se não usa mais, não leve para o andar de baixo — já doe. Depósitos são facilmente esquecidos e acumulam itens desnecessários.
- Produtos restantes de obra (como pisos) devem ser guardados em pequena quantidade (um a cinco peças), por causa da tonalidade de cor.

BRINQUEDOTECAS – BRINCAR, CRESCER E APRENDER A CUIDAR

- Esses espaços são para brincar — nem sempre serão os mais esteticamente agradáveis.
- Acessibilidade é fundamental para evitar acidentes.
- Use caixas com trava para peças pequenas.
- Prefira containers transparentes com fotos ou desenhos dos brinquedos — ajuda a visualizar e organizar.
- Estimule as crianças a brincar, guardar e doar regularmente.

Esta obra foi impressa
pela Gráfica Meta Brasil
sobre papel offset 75 g
em julho de 2025